U0134067

上海百年系列

of Retailing in Shanghai

Centennial History

上海零售百年

主编◎焦　玥

副主编◎冯　睿

复旦大學
出版社

序

上海，一座因海而生的城市，一座因商而市的城市，一座因贸而盛的城市。跨越百年的历史长河，曾经的小渔村成为了世界的明珠。历史的上海，诞生了中国第一座现代商场、第一家现代银行、第一所教会大学、第一份报纸杂志、第一个商业街、第一个电话亭、第一只股票……今天的上海，拥有了全球排名首位的集装箱港口、世界首条商运磁悬浮列车、世界首条量子保密通信干线、中国首款大型客机C919、首届中国国际进口博览会……

从"西风东渐"到国际购物天堂，从"十里洋场"到国际消费中心城市，从"东南都会"到全球国际贸易中心，从水乡古镇到老城厢，再到外滩、南京路，百余年来上海不断演绎着道不尽的商业神话。奢华、摩登、古典、优雅，是世界眼中的上海印象；创新、公平、服务、高效，正成为上海城市的世界投影。

上海零售业的发展是上海商业发展的一个缩影。以南京路上先施、永安、新新、大新"四大百货公司"为代表的传统百货业的繁荣是上海零售的1.0时代。20世纪90年代，随着"超级市场"新业态进入中国，百货、超市、便利店、专卖店等多种业态并存，家乐福、沃尔玛、大润发、联华超市、百联集团等企业同业竞争，这是上海零售的2.0时代。跨入21世纪，随着信息技术的发展，大数据、云计算、人工智能、虚拟现实等信息新技术在商业领域得到广泛应用，尤其是电子商务与移动智能支付的出现,上海零售业进入了新零售的3.0时代。

其实早在清乾隆、嘉庆年间,上海就被称为"江海之通津,东南之都会"。德国传教士郭士立1833年在书中描绘了当年上海的繁华景象:"……,这个地方拥有极大的对外贸易的优势,更难得的是,它还没有被人发现。"这是作为商业与贸易中心的上海第一次进入国际视野。1843年开埠以后,上海迅速崛起,成为远东的国际贸易中心和世界闻名的国际大都市。改革开放以来,尤其现今面临"十四五"发展规划和构建"双循环"新发展格局,上海正着力构筑全球贸易枢纽,打造亚太投资门户,建设国际消费中心城市,建成国际会展之都,建设亚太供应链管理中心,形成贸易投资制度创新高地。

百年穿越,开放意识、契约精神、创新品格和工匠精神,上海商业和贸易的发展一直伴随并促进着上海城市的成长。上海也是中国共产党的诞生地,从这里发源,中国共产党带领中国人民建设新中国,走向全世界,逐步实现中国人民站起来、富起来、强起来的梦想。今年恰逢建党百年,对上海商业的百年历史进行梳理,提炼上海商业特色,弘扬上海城市精神,对纪念建党百年具有极高的现实价值,我们编著和出版上海百年系列丛书的意义即在于此。

上海百年系列丛书分为三册,分别为《上海商业百年》《上海贸易百年》《上海零售百年》。三册独自成书,各具特色;又整合一体,相得益彰。

《上海商业百年》由刘红主编、殷延海副主编,分为四章,作者编写分工如下:第一章抢滩登陆(刘欣),第二章筑梦繁华(狄蓉),第三章负重前行(成争荣),第四章再铸辉煌(符栋良、殷延海、刘红)。

《上海贸易百年》由王胜桥主编,刘红副主编,分为四章,作者编写分工如下:第一章向海而生(刘欣、江江),第二章东西汇流(狄蓉、袁君霞),第三章砥砺前行(成争荣、邵伟),第四章勇立潮头(赵黎黎、亢秀秋、符栋良)。

《上海零售百年》由焦玥主编,冯睿副主编,分为五章,作者编写分工如下:第一章开埠之光(刘欣),第二章十里洋场(狄蓉),第三章破旧立新(冯睿),第四章蓄力腾飞(亢秀秋),第五章日新月异(符栋良、焦玥)。

　　上海百年系列丛书由上海商学院教授、副教授、博士组成的专家团队,基于多年的上海商业研究与实践编著完成,同时参阅了大量前期出版的教材、论著、音像及研究资料。丛书的出版,得到了上海高校工商管理高原学科和一流本科专业建设项目的立项资助,并得到了海派商业文化研究院的大力支持,在此一并感谢。丛书从酝酿到启动到成稿,历时两年有余,每本著作均几易其稿。由于时间及能力所限,书中难免会出现一些纰漏,且有些文章或资料因时间久远无法溯源乃至原作者信息无法查询,故未能一一注出,敬请谅解并指正。

王胜桥 教授

上海商学院工商管理学院院长

2021 年 9 月 15 日

目录

第二章　十里洋场（1910—1949年）

第三章 破旧立新（1949—1990年）

第四章　蓄力腾飞（1990—1999 年）

第五章　日新月异（1999—2021 年）

第一章

开埠之光

（581—1910 年） >>>

引　子

　　"北京的篷尘，伦敦的雾，南京路上红木铺马路。"1914年的上海南京路，犹太裔地皮大王哈同拿出了六十万两银子，用铁藜木将外滩到西藏路段的南京路全部铺成平展的马路，从此，南京路的繁华闻名远东，也成了上海商业的象征。从水乡古镇，到老城厢，再到外滩、南京路、淮海路，上海历来是商家必争之地。这里汇聚了无数名牌字号，无论是洋商、华商，无论是本帮还是客帮，人人使尽招数，个个大显神通，演绎出道不尽的商业神话。

　　开埠前的上海港基本是一个沿海、内河贸易的转运港口。尽管凭借这一地理位置的优势，整个城市经济已经达到了相当的繁荣程度，可是上海扮演的只是"小苏州""小广州"之类的角色。开埠以后，上海的对外贸易才得以快速发展，仅十余年就取代广州成为中国最重要的贸易口岸。到了19世纪60年代，长江沿江港口的对外开放和长江航线的开辟，使上海的腹地由长江三角洲扩展到整个长江流域，上海作为全国最大的贸易口岸的地位更趋重要，上海成了当时远东地区最大的金融中心、近代中国的工业中心和繁荣的国际性城市。

一、唐宋元明时期的上海
（581—1572年）

（一）上海得天独厚的区位优势

上海是一座因海而生的城市。从自然条件来看，上海港的气候属于亚热带季风气候，终年温和湿润，降水丰沛，较少受到海潮和风浪的影响，避风条件好，水位落差小，为常年不冻港，可四季通航。从地理位置来看，上海港位于我国沿海海岸线的中心点，是南北海洋的分隔点，又是东西航运的大动脉，处于长江与南北海上主航线形成的丁字形航运主骨架的交汇点。外国货物运达上海后，既可南销浙江、福建、广东等省，又能北销广大华北地区，而且上海扼长江出海口，水陆交通便利，拥有广大而富饶的长三角腹地。

 熊月之（上海社会科学院历史所）：上海处在中国海岸线的中点，江海交汇的地方，但是还有一个地理环境通常人们讲得比较少，就是中国沿海的地质结构上南方和北方差异很大，从上海沿海向南，到浙江、福建一带，这些地方的沿海是悬崖绝壁，水比较深，所以在南方，船一般吃水会比较深；由上海向北，像江苏、山东这一带沿海的地质是滩地，吃水比较浅，所以南方和北方通过海上行船的话要有一个交汇的地方，这个范围就位于上海到浏河这块地方，换船使得这里非常重要。

上海港优越的环境不仅适于人的生存和居住,同样适宜作物的栽种,在农业社会的生产中至关重要。上海位于长江三角洲前缘河口和杭州湾之间的冲积平原地带,沉降形成了富含有机物的耕种土壤。在农业生产作为主导经济的时代,肥沃的土地为上海初期的财物积累奠定了雄厚的基础。开埠前的上海,以盛产豆、麦、棉花而闻名,所产的棉布在江南区域经济中占有重要位置,纺纱织布是上海的家庭副业,当时驰名天下的"松江大布"有很多就是在上海生产的,染坊街、洗布场、刷布场、彩衣街和花衣街等作坊成为上海商业的最初形态。

(二)隋唐时期的上海

隋代初年,上海出现第一个市镇——华亭镇(今松江县城)。那时该镇人口已有相当数量,并有店铺、仓储可供贸易和货物贮藏,由此形成了上海第一个贸易港——华亭港。公元746年(唐天宝五年),设立了青龙镇(今青浦县城东北的旧青浦),设有镇将和镇副,标志着上海第二个贸易港——青龙镇港的形成。当时江南各县都是一县设县镇一处,唯独华亭县设有二镇,足见青龙镇的地位十分重要。青龙镇港紧临吴淞江,溯江而上可达当时经济繁荣的苏州,是苏州的通海门户。从唐末开始,长江三角洲的主要口岸从江北向江南转移,明州(宁波)港成为长江三角洲第一大港,但明州靠南,而上海地区的港口可以顾及长江三角洲北部的航运需求,因此发挥着重要的航运角色。从唐晚期开始,华亭县成为东南区域重要的贸易集散地之一。

(三)宋朝时期的上海

南宋迁都临安(杭州)后,青龙镇港与此咫尺相邻,通过苏州附近的江南运河,青龙镇港与嘉兴、湖州、常州等地的运输通航更为便捷,外商船舶迅速增加,对外贸易繁盛。华亭港就其地理位置而言,只能算是内河港,所以青龙镇港后来居上,在两宋时成为上海的主要港口。但长江每年流下大量泥沙,使海岸线不断自西向东伸延,而海潮进退又造成泥沙沉积,因而使吴淞江不断淤浅,航运贸易受到阻碍。南宋中期以后,华亭港、青龙镇港逐渐衰落,上海地区港口的位置向海口转移,曾一度移至吴淞江近海口处的江湾镇和长江口的黄姚镇。

南宋末年，上海港的港址移至上海镇，具体位置在上海南市沿江一带，今日上海港便是在此基础上发展而来的。上海镇在青龙镇的东南，上海浦的西侧。海舶商船先要进入吴淞江，再通过上海浦到达上海镇。虽然上海镇在南宋中期就有海船停泊并进行贸易，但经过100年左右的发展才逐渐形成人烟密集、海舶辐辏的港口市镇。明代嘉靖《上海县志》记载："迨宋末，该地人烟浩穰，海舶辐辏，即其地立市舶提举司及榷货场，为上海镇。"

（四）元明时期的上海

由于吴淞江下游继续淤塞，严重影响航运贸易的开展，这与上海镇作为长江口主要港口的地位越来越不相适应。吴淞江江水从支流注入浏河，使浏河水不浚自深，入海处日渐深阔，可容万斛之舟，航道条件比上海港优越，因而被元朝政权选为海运漕粮的中转基地。原来一直通航上海港的外国商船也改道至刘家港靠泊并进行贸易。公元1342年（元至正二年），元朝政权在太仓设立了掌管海外贸易的市舶司，标志着元朝中后期上海对外贸易口岸已由上海港移至刘家港。刘家港也称浏河镇，在长江口南岸，今太仓境内浏河口。当时刘家港就有万艘云集的盛况，享有"天下第一都会""六国码头"之称。

元朝的政治中心在大都（今北京），远离经济发达的江南地区，需要将南方粮食北运，于是上海港成为元代漕粮海运的要地。元朝政权在上海成立都漕运万户府，以刘家港为发运港，各地漕粮在苏州、太仓（包括刘家港）、上海汇聚，形成了三大据点。同样由于泥沙不断淤积，浏河口外的拦门沙逐渐堵住了船舶进出航道，严重阻碍了船舶运输，到清初刘家港又渐渐退居次要地位。

公元1403年（明永乐元年），户部尚书夏原吉奉命赴江南治水。原来治理太湖水一直是从吴淞江入手的，这次夏原吉采取治理黄浦江，把源自淀山湖的黄浦江作为太湖出海的重要河道，基本废掉了吴淞江的水运功能，但对黄浦江也进行了改道，让其容纳吴淞江的水并经过上海，这也是黄浦江的出海口至今仍称为"吴淞口"的原因。黄浦江之所以有今天的规模,与这次治水有重大关系。这次治理形成了一条以大黄浦、范家浜、南跄浦所组成的新河道,即黄浦江,同时也实现了江浦合流,原是支流的黄浦江成为主流,原来是干流的吴淞江则成为黄浦江的一条支流。后又经过多次整治,黄浦江终成河道宽深、水量丰沛的出海航路。黄浦江的优良航道奠定了上海港口贸易的发展基础。黄浦江的河道就是上海港的航道,黄浦江的中下游,就是上海港港区范围。

元帝国幅员辽阔,与海外交通频繁,船舶的建造能力和航海技术都有所发展,上海在政治上已经"由县升府",经济上能够"衣被天下",成为全国屈指可数的重要港口。元朝政权规定,凡是国内泉州、福州等地的土产之物运到上海,税收减为一半,因此,内地商品纷纷由陆路、水路、海路运来上海。据1488—1505年《上海县志》记载,当时上海商人"乘潮汐上下浦,射贵贱购贸易,疾驶数十里如反复掌,又多能客贩湖、襄、燕、赵、齐、鲁之区"。

水路交通的发达在一定程度上促进了上海商业的发展,上海是当时中国最富饶的江南地区的通海门户之一。从华亭县的建立到上海建县,上海地区在近五百年的时间里没发生什么战争。而北方人口因为战乱不断南移,上海古代史上很多世家大族,例如董其昌家族、徐光启家族等,大体上都是在南宋时期随着北方人南迁而来。在从河南到杭州的迁徙过程中,很多人半途就落户在上海。这些有文化的世家大族与本地人不断融合,尤其是文化上的融合日渐紧密,成就了上海开放、宽容和融合的社会文化,也为上海商业的发展奠定了基础。此时的上海"有市舶、有榷场、有军隘、有官署、儒塾(学校)、佛宫、仙馆、市廛、贾肆,鳞次而栉比,实华亭东北一巨镇也"。

二、萌芽期的上海商业
（1573—1736年）

（一）朱家角——上海商业的萌芽

青浦孕育了上海商业发展的萌芽，该地区出产的布匹、油粮行销全国，从淀山湖流出的悠悠水脉，汇聚成黄浦江的起源，江河纵横，这里自古以来就以贸易繁盛而著称。

 张广生（原上海市商委主任）：当时青浦附近海滩已经有各种各样的商业设施，包括行政区划、船舶司、棉花以及茶叶小额的出口，但是那个时候的商业基本上是传统的小商、小贩、小店铺这样的一种业态。

"小桥、流水、人家"的朱家角坐拥"一桥、一街、一寺、一庙、一厅、一馆、二园、三湾、二十六弄"。"一桥"当推沪上第一石拱放生桥，五孔放生桥历来受文人雅士赞美，有诗云："长桥架彩虹，往来便是井"。"一街"是沪上第一明清街北大街，久经沧桑，"一线天"独特构筑，令人啧啧称奇，有"长街三里，店铺千家"之称的北大街，老式店招林立，大红灯笼高挂，成为江南古镇最热闹的古老街道，是上海市郊保存得最完整的明清建筑第一街。"一寺"即报国寺，报国寺是上海玉佛寺下院。"一庙"即城隍庙，已有200多年历史的城隍庙，青瓦黄墙，飞龙翘角，花格落地长窗，呈现出古意盎然、香烟袅绕、肃穆壮丽的景象。"一厅"

图1-1　朱家角古镇风光

是席氏厅堂。"一馆"即王昶纪念馆。"二园"是课植园和珠溪园，一个古老，一个现代；一个庞大，一个精巧，相映成趣。"三湾"即三阳湾、轿子湾和弥陀湾。实际上朱家角的古弄不止二十六条，每街每路都有弄，路通街，街通弄，弄通弄，形成网络式棋盘格局。漕港河将朱家角分成两半，两岸古朴的楼阁，蜿蜒曲折的石板小巷，共同构成了这座历史悠久的古镇。

　　泖河上的太阳岛一角，至今仍伫立着一座古老的灯塔——泖塔。泖塔建于唐代，当年塔顶悬挂明灯，为万千通商往来的船只指示航标。清晨，都市的车水马龙从沉睡中苏醒，人们在钢筋水泥的世界里摩肩接踵、匆匆穿行。而青涩的石板小路上，古朴的小桥流水间，水乡青浦也开始了自己的一天。如今的青浦最热闹的还要数朱家角古镇，这个比水乡周庄还要大上三倍的千年古镇散发着江南特有的温婉气质。

　　明万历年间，朱家角正式建镇，名珠街阁，又称珠溪。清嘉庆年间的《珠里小志》在序中描写道："今珠里为青溪一隅，烟火千家，北接昆山，南连谷水，其街衢绵亘，商贩交通，水木清华，文儒辈出"，字里行间满是朱家角当时繁荣的场面。历史已逝,泖塔犹存,成为这里往昔繁荣的见证,这座古镇经历了悠悠岁月,也见证着千年来上海商业的变迁。

（二）朱家角的商业繁荣

朱家角早在一千七百年前就已经形成一种小镇、一个集市,当时就有人在此生产棉线,经营农耕农作。朱家角古镇水运发达,而且是浙江、江苏通往北方的水上交通要道,因利乘便,一跃成为烟火千家的贸易集镇。朱家角之繁华日胜一日,历史文化含蕴也日渐浓厚。其中,背靠漕港河,旁临放生桥的北大街距今已有四百多年历史,早在古镇形成初期,北大街就因水陆两运方便而商贾云集。这条街道宽仅三四米,最窄处仅两米,两边砖木结构小楼的滴水檐几乎相接,构成了"一线天"奇特景观。这里有茶楼酒肆、南北杂货、米行肉铺,百业俱全,"长街三里,店铺千家",又有"上海明清第一街"的美誉,直到今天,北大街都是整个朱家角最热闹的地方。

清朝中期,朱家角的酿造业发展迅速,以北大街上的老字号酱园涵大隆为首的一批酱园作坊酿制的酱菜畅销各地。涵大隆生产的酱菜、腐乳有一套独特的工艺,曾在1915年的巴拿马万国博览会上获得金奖。酱菜很快就成了朱家角价廉味美的特色产品。

在朱家角的历史中,大米是其富饶发达的根本。朱家角出

图1-2　朱家角古镇"一线天"景象

产的稻米称为清香谷稻，用这种稻米烧饭的时候外面闻到的味道特别香，所以被称为清香米。朱家角米行的行情上涨一分钱，上海的米市都要抖三抖，因为从江苏、浙江等四面八方，以及本地区出产的大米全部都卖到朱家角，然后再输送到全国各地，所以，上海的米行价格基本上是取决于朱家角的米行的价格。鼎盛时期，朱家角有70家米行，其中最大的米行有4家，每天将近有1万石的大米送往全国各地。

当年的漕河上，随处可见靠岸装卸粮食的商船，百年来，漕河上来来往往的小船不曾停过，今天的漕河两岸，仍能看到一个个的石头船栓。从这里运往全国各地的米粮维系着千万人的命脉。如今，米行的踪迹已然不可追寻，只有漕河北岸的这一大片粮仓遗址，能让人们从中一窥"天下粮仓"百年前的浩大规模。

三、商业汇聚的上海老城厢
（1573—1842年）

（一）清代上海商业的盛况

乾隆年间，上海与当时国内商业大埠仪征、汉口并驾齐驱，已发展为中国东南沿海一大商港和主要商业城市。鸦片战争前夕，上海港货物吞吐量已接近200万吨，内贸吞吐量已跃居全国首位。当时，上海发达的商业贸易就其交易的品种来说，主要是豆饼杂粮、土布、棉花、米、糖、竹木、桐油、芝麻、绸缎、药材等，年商品贸易流通额在三千万两白银左右（约占全国主要商品流通额的7%），仅仅在上海县城内，就有街巷63条，商铺林立，贸易兴旺，被称为"江海之通津，东南之都会"。

清代，上海港被誉为"沙船之乡"。沙船业的繁荣带动了城市的繁荣，沙船停泊的区域从大、小东门至南码头一带延绵数里长的黄浦江沿岸，俱已成为各有其主的泊岸码头，宽敞的码头与巨大的货栈占据了整个河岸。上海港区主要在大、小东门和大、小南门外沿黄浦江的弧形圈内，亦即今南起南码头，北到十六铺这一地段，特别是大东门外的船舶最多，是上海港内最繁忙的区域。与码头邻近的东门、南门周围是各种货物、来往人流的主要聚集区，如小东门一带，就集中了银楼、棉花、绸缎、绣品、皮货、参茸、药材、木器、京广杂货、洋货、海味、南货等商店。小东门北侧的里外洋行街，铺户商号鳞次栉比，会馆公所四处林立，贸易兴旺，商业发达，出售着来自国外，乃至欧洲的很多商品，吸引了四面八方的人流。

（二）商业汇聚的老城厢

在陆上交通尚不发达的年代,因水上交通便利而兴起的港口城市,港区即城区,紧靠码头、货物及人流进出频繁的城区便是城市最繁华的区域。根据惯例,城墙以内称为"城",城外人口稠密,有一定经济活动的区域才称为"厢",所以"城厢"一词一般指城内和城外比较繁华的地区。上海老城厢是上海历史的发祥地,也是上海开埠前的主城区,是上海的城市之根。"城"是指原来的上海县城,即现在的人民路和中华路环路以内的区域,也是上海曾经的政治文化中心地带。"厢"指的是上海县城外十六铺码头到高昌庙(江南造船厂)的沿江地带,这里曾是上海经济支柱航运业的主基地。

清道光年间,上海城内及东南方向沿黄浦江一带,商铺林立,人口密集,来往客商络绎不绝,地方管理制度改图保为铺,起初划定27铺,后来划定16个铺,铺制取消后,十六铺成了地名,范围也扩大了,成为经营海货、水果、南北货、鱼鲜、醃腊等的一个大型综合商品市场。开埠前上海商业的精华之地就在十六铺地区,这一带形成了咸瓜街、洋行街、豆市街、花衣街、会馆街、芦席街、篾竹弄等专业街市。

老城厢内外保留的老街道最多,许多老地名至今未改,尤其是南市

图1-3　上海老城厢

的街巷保留老地名的较多。其中，有的是名宦望族宅第，如徐光启故居九间楼在太卿坊（今乔家路），潘恩及其后裔住地名安仁里，立县时教谕唐时措及后裔的唐家街，以及艾家弄是数学家艾可久的后裔所住；另一类是因寺庙而保留名称，如广福寺路、积善寺路等。至于县衙前的县前街、县左街，学宫前的学前街等几乎各地都有。

被称为"上海城市之根"的老城厢，文物古迹众多，名园、名人住宅、会馆、公所集中，除了著名的豫园、老城隍庙、老城墙大境阁等，还有徐光启故居九间楼、书隐楼等。城隍庙作为供奉城市守护神的场所，还定时有城隍出巡等活动，这些活动形成的人流聚集造就了城隍庙及其所在的方浜周围商业的繁盛，也聚集了大量会馆、书院、私家园林，以及庙宇建筑。花衣街、引线弄、篾竹路，仅看这些传承多年的名称，就能感受到当年巷弄两旁的热闹。

 张广生（原上海市商委主任）：老城厢的发展归因于上海通商口岸的便捷，水道的便捷促进了对外联络，老城厢汇聚了全国各地的商人，也吸引了一些海外商人在此集聚，商人越集聚，这里越繁荣，老城厢因而发展起来了。

上海城墙内有很多商业行会组织，尤其是作为商业中心的城隍庙一带。但随着在上海做生意的外地商人越来越多，他们建立的同乡会兼商会组织——公所大都设在城墙的外面，沿黄浦江的十六铺、董家渡一带虽然在城墙修筑之后被划到城墙外，那里的聚落和活动一直在延续。

 熊月之（上海社会科学院历史所）：上海镇经济文化的发展一开始的根就是在老城厢这个地方。城厢有内有外，城墙外面靠近江边那里就有很多的商业网点，近代以前上海南来北往的商人在这里交汇，也在这里经营，渐渐聚集起来的商业氛围吸引了大批外地人来上海滩闯荡。从五金大王叶澄衷，到营造家杨斯盛，再到商业巨子黄楚九，他们在鱼龙混杂的上海滩，不仅闯出了一片天地，打造出属于自己的商业王国，也留下了近现代零售业精神启蒙的影子。

四、开埠后上海租界的商业发展 （1843—1879年）

（一）开埠后上海租界的划分

1842年，中英《南京条约》规定上海开放为通商口岸。开埠之时，英国领事巴富尔擅自划定港区范围，宣布自英国领事馆所在地的县城起，即自上海县城起直至吴淞止，全部包括在港区范围之内，同时规定自苏州河口到洋泾浜（今延安东路外滩）作为洋船停泊区域，后来洋船停泊界不断扩大，表明上海港港区范围也在扩大。根据当时两国《土地章程》的规定，华洋分居、分治的意图十分明显。

1859年修订港口章程时，将洋船停泊界的上限自洋泾浜扩展至十六铺附近的天后宫，下限自苏州河口扩展至虹口新船坞（今外虹桥一带）。长江开放后，港内船舶激增，外国领事借口天后宫已焚毁，不能作为界限的标志，又于1863年修订章程时将上限扩展至小东门外江边。19世纪60年代后，随着上海商业中心由老县城逐步移到租界，船只渐渐汇聚到苏州河下游沿岸靠泊与装卸，两岸开始修建一些驳岸和简易码头以及货棚。1873年将下限扩展至今其昌栈附近。至1883年，南起小东门外江边，往北向东至洋泾浜，都成了洋船停泊界。洋船停泊界的划定为设置租界提供了条件，使原本荒芜的十六铺以北到虹口一带迅速发展成为上海港的重要港区。

开埠后的最初一个多月里，上海港有7艘外国商船抵达，1844年为44艘，1845年为87艘，1852年达182艘，1855年增至437艘，尤其是

1853—1855年小刀会起义后，大量的中国居民开始在租界定居，这个时候租界由原来的华洋分处变成了华洋混处，格局发生了很大的变化，租界原来只有500人，一下子骤增至2万多人，到1870年，上海租界的外国人口已有1 666人，外国洋行到1872年时也已达343家。

租界的开辟使上海这座城市内部逐渐出现两个相对独立的区域——租界城区和华界城区。开埠后轮船业兴起，沙船业逐渐衰落，再次推动了港口区域向租界地区的移动，租界的沿浦地区成为上海最繁忙的港口区域。随着19世纪70年代初租界体制的最终形成，以及太平天国运动、小刀会起义对老城厢的巨大破坏，租界城区迅猛发展和繁荣起来，逐渐取代原来的城市区域，成为整个上海的标志和象征，老城厢的社会、经济、文化中心的地位被削弱，逐渐成为租界的附庸。

老城厢地位的衰退主要体现在三个方面。一是传统工业的衰落。曾经称霸一时、承担老城厢经济龙头的沙船业，由于轮船业的兴起而逐渐衰落。棉纺织等产业由于租界地区大量工厂的兴办，也逐步退出老城厢。此前遍布的钱庄、商铺逐渐向经济日趋发达的租界地区转移，老城厢传统的商贸中心地位受到极大冲击。二是市政管理的落后。老城厢既没有公共照明、自来水和正式的消防、环卫机构，也没有规范的城市建设和治理方案，很多事务依据的是约定俗成，无组织、无体系。三是环境的逐步恶化。密布的河汊逐渐干涸，曾经舟桥相衬的泽国面貌逐渐消逝，原来的水系已经无法行船，取而代之的是随处倾倒的生活垃圾和废水。

（二）租界替代老城厢成为上海商业发展的主场

1843年，上海县城人口为20余万，在全国排名第十二位。同期，运河沿岸的苏州、杭州分别排名第二、第五位。在经济发达的江南地区，上海还不算是中心城市，不过是其中的一个"壮县"。1850年，英商在今南京东路、河南中路路口置地80亩辟立花园，英商跑马总会围绕花园建造了一条跑马道，这便是南京路的雏形。那时的南京路还是"溪间纵横"之地，一位法国人这样描绘黄浦滩，也就是今天的外滩："它那平庸的外貌具有一种令人可怕的单调乏味的气氛。土地上没有一点儿树木,有一半淹在水里,差不多全部种了庄稼,不计其数的污水沟和小河纵横交错,南京路就是从这里延伸而出的。"

开埠后,外国商品和外资纷纷涌进长江门户,开设行栈、设立码头、划定租界、开办银行。上海从此进入历史发展的转折点,从一个不起眼的海边县城向着远东第一大都市前进。有利的地理位置和方便的交通,加之广阔的腹地经济,促使上海对外贸易迅速发展,很快就取代广州成为中国新的对外贸易中心。

上海早期的新式资本主义商业企业首先发迹于与外贸密切相关的行业,特别是百货业、洋布业、五金业、西药业、颜料业等,相继出现一些规模较大的京货店、广货店,专门经营北京和广州的商品。后来部分京货店转而专门销售洋布,出现洋布专业店。1850年,上海开设第一家专卖洋布的商店——同春洋货号;1851年,义泰洋布店开设,其后又有协丰、恒兴等洋布店渐次开设,店址也由大东门一带向租界转移。19世纪50年代,上海有店址记录的洋布店14家,其中旧城区8家,租界4家。19世纪80年代,20家洋布店中,位于租界和原城区的数量大致相等。到20世纪初,上海洋布店便大部分集中于租界,且开设在租界内的洋布店一般资本都较雄厚,成为原件批发和零匹批发店。1906年,据上海租界华商商业行业统计,上海租界已有洋货业、纸烟业、皮货衣业、绸缎业、药业、丝业、京广杂货业等52个行业,记录有店名的店号达3 177户。

租界经过二三十年的发展,已是洋房林立,洋人往来,外国轮船货物运来运往的中外贸易繁盛之地,原来很狭小的地方变成了人口密集的地方,带来了各种各样的消费需求,租界内中国人办的各种商号店铺如雨后春笋般不断出现。从整体上看,上海商业中心在开埠之初延展至浦西苏州河沿,并向租界内转移,逐步造就了租界的繁华商业区,主要集中在黄浦江外滩一带,之后又从南京路由东向西逐步扩展,逐渐取代原来位于老城厢一带的城市区域,繁荣的十里洋场由此形成,并成为整个上海的标志与象征。

(三) 开埠后上海航运贸易的发展

开埠后,上海港的繁荣主要依赖于对外的航运贸易。英国是当时对华贸易的主要国家，其进出口货值一直占到各国对华进出口货值的70%—90%，经由上海输往英国的货值占到全国各港输往英国总货值的52.5%。"盖上海一埠，就中国对外贸易言之，其地位之重要，无异心房，其他各埠则与血管相等耳。"上海周边各省区的对外贸易和沿海港口贸易，都要经过上海，而外国的商品也必须经由上海才能运往这些地区，上海几乎成了半个中国商品的集散地。上海作为一个中心城市，向东可以去韩国、日本，向南可出马六甲海峡，广东人、福建人甚至把东南亚一带的货物都贩过来，向北是通天津和东北。南货与北货在上海聚集，所以老上海的概念当中就有南货和北货，南货是很大的门类，有糖、米、竹，以及各种各样的奇珍异宝，北货有玉米、大豆。

广州港偏处华南一隅，远离大宗出口商品丝、茶的主要产地江浙等省，四周丘陵起伏，交通不畅，而上海靠近丝和茶的原产地，运输路程缩短，成本降低，经由上海收购丝、茶出口，可获得较高的利润。来自最优质产茶区的茶叶能够更容易地经由水路运到宁波，或者运到杭州，然后转船运到上海。例如，钱塘江上游流域的茶叶经由陆路运送到宁波，再经由海道运往上海，华中地区的茶叶也可以经由长江，或是经由杭州运往上海。而且上海又邻近中国最富饶的江南地区，人们更有能力购买

图1-4 茶商和丝绸商合影

外国进口商品。1846年由上海出口的茶叶占全国茶叶出口总额的1/7，1851年增长到1/3，1852年超过全国茶叶出口总额的一半。1855年，上海出口的茶叶超过广州、福州两地出口之和的30%，从上海运往美国的茶叶，比广州一个口岸贸易时期出口的所有茶叶还多，标志着上海取代广州成为中国对外贸易的首要港口。

19世纪50年代，世界性经济危机波及英法美等国，上海并没有受到打击；相反，上海的进出口总值在此期间连年上升。1858年，上海港开辟了3条外贸航线：上海—香港；上海—香港—加尔各答—欧洲；上海—纽约。此外，部分船只还往来于中国和大洋洲、南洋各国。从1851年到1861年，上海进口货值增加了十倍多，出口货值也增加了三倍多。后来苏伊士运河开通，海底电缆接至上海，以及外国在华轮船航运业的兴起，由此促成了上海成为近代商业中心。尤其是在1861年后，美国内战导致世界性缺棉的爆发，因航线的便利，成千上万的棉花以最快速度汇集上海，再由上海运到世界各地，上海外贸得以进一步扩大。据海关统计，1861年上海港口的吞吐量仅43万吨，到1864年就增至187万多吨，几乎增加了4倍多。1863年，上海港的进出口货物的总值已接近国内其他十个主要对外开埠通商港口的总和。

1895年后，内河轮船航运业兴起，"往来申、苏、杭小轮公司码头均设沪北"，即在英租界北端的苏州河畔，苏州河下游的港区进一步发展，四川路桥至新闸桥一段河岸成为内河港区的中心区域，货棚、仓库日益增多。1896年起，新闸桥以下的苏州河面划入上海港港务长的管辖范围，1899年又向上扩展至今胶州路附近。苏州河港区自此成为上海港的组成部分。苏州河的发展带动了闸北区的发展。浦东城区兴起于黄浦江滩边外商经营的船舶修造业和码头仓栈业，尤其是码头仓栈业的兴起，改善了上海工业的投资环境，使其能够就近获得工业原料和输出产品，于是浦东赖以发展的卷烟业、纺织业、钢铁业、火柴业和造纸业等也渐次发展起来。

（四）开埠后上海商业的迅猛发展——徽商代表汪裕泰茶庄

当上海逐渐替代了广州成为外贸的主要出口地之后，国内的徽商

图1-5 上海静安寺的汪裕泰第四茶号

也把经商的重心从广州转移到上海。徽商从小离家经营，去外面经商，吃苦耐劳。道光十九年，年仅12岁的汪立政也走出了茶乡山门，在上海茶叶店学徒，由于他勤奋好学，恪尽职守，深得店主的信任，经过几年的学习积累有了一定经验以后，汪立政变卖了当时老家的一些田地和旧的遗产，在上海从事他最熟悉的茶叶的小本经营，于1851年在上海老北门旧城厢创办了汪裕泰茶庄。

和许多在外经商的徽商一样，汪立政精打细算，知人善任。他不惜重金雇聘技艺超群的茶工，生产南北名茶10余种，其茶叶不仅香味纯正，且茶汁浓厚，倍受顾客的青睐，汪裕泰的店铺生意也愈加兴盛。汪立政去世后，儿子汪自新接管了店铺，他不但继承了父亲的商业头脑，还青出于蓝，把从安徽老家低价收购的茶叶在江浙沪一带高价出售，甚至将茶叶经销到海外，获取高额利润。

汪裕泰茶庄之所以能在上海站得住脚，正是因其以质量取胜，不断追求精益求精，从安徽茶做起，到后来的龙井，不断改良品种，汪立政创立的狮峰龙井品牌做得非常响亮。汪裕泰茶庄曾为慈禧六十寿诞进贡了一批金山时雨茶，采摘嫩芽，以手工制作，精工细作以后发挥了当地的土质气候的优势，结合特殊工艺，做出来的茶叶色绿、清口、醇厚，因其独特的风格和香气，深得慈禧太后的好评。金山时雨茶在巴拿马万国博览会上获得了金奖。到抗战爆发前，汪裕泰茶庄已经传承到了第三代，除了最早的南北两家店铺，还在上海及上海以外开设了茶庄、茶行、茶栈20余家，逐渐发展为民国时期上海最大的茶叶店，成了上海滩名副其实的"茶叶大王"。

汪裕泰茶庄只是那个时代上海商业迅猛发展的一个缩影。上海曾处于苏州、扬州、南京、杭州等繁华名城的偏隅，在开埠仅二三十年后，从不起眼的小商镇一跃成为一个中外贸易兴旺、全国首屈一指的通商巨埠。《上海新报》1871年刊登一署名"醒世子"的来稿中描述了当时的上海洋场："出延袤一二十里不知天日，由城东北而西折，半属洋行。黄浦溶溶，环绕其旁。人杂五方，商通四域。洋货、杂货，丝客、茶客，相尚繁华，钩心斗角，挤挤焉，攘攘焉，蜂屯蚁聚，真不知其几多数目。"

到19世纪后期，上海已经成为远东地区最大的工商业、贸易、金融和运输中心之一，中外商家林立、华洋客商云集。上海洋场的繁盛滋生了众多的商机，也带来了丰富多样的谋生机会，使这里形成了一个五方杂处、华洋混居的移民社会。1909年，上海至少有165种行业，足见上海当时社会分工的发达程度，这也促使上海的商品经济以更加迅猛的速度发展。"西人之楼阁连云，火灯耀日。东西两洋之车往来于市，轮帆各种之舟排列于河。洋行所陈货物，百怪千奇。真是目所未见，耳所未闻，如入波斯之国。"

（五）上海洋行的发展

当贸易发展到一定程度的时候，较为完备的金融机构必然会随之出现，随着对外贸易的发展，汇兑结算和资金融通活动也活跃起来，但专业银行此时还未产生，于是金融业务由较早从事国际贸易的洋行承担。洋行的兴起是上海商业发展的一个显著标志。

洋行多从事进出口贸易，扮演批发商、零售商、外国厂家在华代理商等多重角色。华商则从中国内地特别是长江所流经的湖北、湖南、安徽、江苏等省收购中国土特产，如丝、茶等，然后销售给洋行，或是从洋行购买进口商品，销往中国内地。随着外国产品的逐渐输入，一些日常用品也"飞入寻常百姓家"。因为这些商品是从外洋运来，于是都冠以"洋"字，如"洋火""洋布""洋油炉"等。当时上海市场洋货充斥，"大而服用器物，小而戏耍玩物"，无所不有。

上海开埠后，怡和、宝顺、仁记、义记等洋行先后从广州来到上海。随后，沙逊、祥泰洋行也相继来上海设行营业。开埠后一年，上海的英、美洋行有11家。19世纪50年代初，外国在沪洋行为41家。然而，附属于商业机构的金融活动终究不能满足西方新兴工业资本家阶级扩大全球贸易的需要，于是设立新兴的专业银行已成为大势所趋。1847年，英国丽如银行在上海设立分行。随后，汇隆银行、阿加剌银行、麦加利银行、法兰西银行等纷纷在上海设立代理处或分行。但这些银行都是外国总行设在上海的分行，主要是经营外商在贸易往来中产生的汇兑业务，既不招揽存款，也不经营票据贴现和抵押放款。

19世纪60年代后，上海港吞吐的外贸物资越来越多，外国银行的金融活动进一步开展起来。作为外货倾销和内地原料外运跳板的上海，为金融周转业务量的迅速扩大提供了充分条件。1861年开业的汇川银行，1864年开业的利华、利生和利昇三家银行都在上海设立分行。1865年汇丰银行在上海设立分行，并逐步成为上海金融业的巨头。此后，法国、俄国等银行也纷至沓来。除此以外，作为金融重要分支的保险业也开始蓬勃发展起来，怡和、宝顺等洋行将在广州组建的保险行扩展到上海，由上海怡和洋行、宝顺洋行分别代理保险业务，其他各大洋行基本上也都设有运输保险部，当时保险业务大体局限于航运保险（或称水险）。

五、现代上海商业雏形——早期四大百货公司（1880—1910年）

（一）新商业理念和商业业态的产生

开埠后的零售业不但有了新的营销理念、新的生产模式，更滋生出新的商业业态。买布去布店；买米去米行；买糖果零食去冠生园；买茶叶去汪裕泰，这便是过去上海的商业模式。1880年之前，几乎没有几个中国人听说过"百货公司"，更不知道世界上有一个能够在一间商店里样样买齐的场所。百货公司的出现是一场革命，现代商业是从百货公司开始的。

百货公司和工业发展密切相关，特别是伴随自动化流水线生产的发展，迫切需要一个类似集市一样的地方，能把这些工厂生产出来的东西让消费者购买，所以百货公司应运而生了。百货公司是由股份公司组织，具有规模大、资金多、经营范围广等大型综合商店的要素。当时，全球只有法国、美国、英国等工业先进国家出现了这种巨型的零售商业组织，然而很快百货公司的风潮席卷全球，成为都会的象征。从纽约到巴黎，从伦敦到东京，百货公司成为城市景观的一部分。

上海的百货公司以南京路上最多。自1883年英商在上海南京路上创办第一家百货公司——福利公司以来，这种富丽堂皇的巨型商店就在车水马龙的南京路上不断吸引过往行人的目光。百货公司作为一种新的零售模式，给上海零售带来了翻天覆地的变化。由于这些百货公司的影响，许多中外商店陆续进入南京路，南京路的商业气氛渐浓，成为20世纪初全国屈指可数的商业街，这条街被誉为"远东第一商业街"，每天都吸引成千上万来自全国各地、世界各国的游客前来。

 陈雁（复旦大学历史系教授）：我们现在如果去纽约要去梅西，去伦敦要去哈罗德，去巴黎要去逛老佛爷，而南京路和南京路上五光十色的百货公司就是了解上海的一个窗口，是这个城市文化的象征。

现代商业跟传统商业的一个很大差别就在于，中国传统讲酒香不怕巷子深，靠口耳相传打造社会知名度，但是现代百货业需要大量的营销手段，包括橱窗展示和广告宣传等，即便不买，也会让人感觉赏心悦目，从而激发消费的欲望。

百货公司通过各种营销手段，创造了全新的消费经验，并传播现代的消费主义。百货公司在现代观念与日常生活之间扮演着中介角色，帮助消费者在经验层面"想象现代"。以往学者把启蒙大众多归功于知识分子，认为商人的经营活动只是为了追求利润，忽略了商人作为现代观念启蒙者的角色。事实上，百货公司同样生产和传播了许多现代知识。著名作家林语堂在《我怎么买牙刷》一文中提到，自己如何从牙刷广告中获取关于牙齿保健的新知识。在比较众说纷纭的牙刷广告的过程中，林语堂更新了有关牙齿卫生的观念。然而，百货公司在参与消费生活知识化的建构过程中，并非客观中立，背后隐藏了关乎商业利益的广告作用。譬如，永安公司发行的《永安月刊》，一方面传播日常生活的知识；另一方面强化知识的权威用以引导消费。这些知识不仅仅是现代都市人的日常知识，也成为炫耀的"资本"。

 王康（中国社科院近史所研究员）：百货公司与传统商铺有不一样的陈列理念，被定义为"可视化的消费空间"。首先，百货公司建筑高大、装饰华丽，非常引人注目。百货公司外观的玻璃橱窗，不定期更新陈列，既吸引了顾客的注意，也起到广告的效果，同时成为城市街道景观的一部分。其次，店内商品陈列讲究。商品按照用途分类，开放式的柜台展示让消费者触摸到商品，加强了消费的愉悦。此外,百货公司还运用声光化电技术打造现代的消费空间,电灯、电梯、冷气、无线电播音等新技术设备,刺激了消费者的感官体验。同时,百货公司定期举办的展销活动吸引消费者,使得商品的营销和推广带着浓厚的娱乐性质。

百货公司不只是提供消费的场所,也是观察社会权力关系的空间。从建筑橱窗、声光化电,再到商品陈列、艺术展示,百货公司所塑造的商业空间,由于近代政商关系的特殊性,成为各色政治势力展演的舞台,国民政府、日本占领军都曾利用百货公司进行意识形态宣传。

作为城市景观的橱窗设计,形成市民的共享空间,视觉的公共化导致"欲望民主化",即"通过公共性的视觉平台,突破阶级界限,把消费的欲望向下渗透传播"。百货公司也分化出"廉价部门",以吸引更多的顾客,例如,游乐场的设立就意味着百货公司成为走向平民的消费场所。虽然屋顶游乐场是百货公司的附属事业,其收入占公司总收入比例不高,但其低廉的定价和节目内容的通俗性吸引了大量的店员和工人。百货公司则利用空间设计,区隔了商店购物的中上阶层和专为游戏场而来的中下层顾客,兼顾了"欲望的民主化"和"维持阶级特权"。

(二)前四大百货公司

1847年,英国人Edward Hall在南京路开了一家生产面包、西式食品兼营杂用百货的商店。1854年,有位名叫Andrew Haltz的西洋商人入股,将这家店铺取名"Hall & Haltz",另取中文名"福利公司",这便是上海第一家百货公司。1892年福利公司改组为有限公司,除日用百货外,还从世界各地进口品牌商品进行销售,成为"环球百货公司"。1930年代,福利公司在上海已经拥有两家门市:老店位于南京路与四川路西北转角处,新店位于静安寺路。福利公司凭借其经营的商品品种齐全,服务出色,规模巨大,成为近代上海最大的一家外资百货公司,1954年福利公司在上海歇业。

汇司百货公司由英国人George E. York于1875年创设在宁波路、浙江路口,最初经营绢丝物、服饰业,1895年转手给Thomas E.

图1-6 英商福利公司外景

图1-7 1911年庆祝英女王加冕时期的汇司公司外景

Trueman，场地移往南京路、江西路口，1901年其业务扩大到经营家具、日用杂货等。

泰兴百货公司创设于1895年，位于南京路外滩，是在中国香港登记的股份公司，主要销售食品杂货、酒类、家具、船具、女性服装、帽子等，当时有"去了泰兴，世界上任何商品都能买得到"的说法。

最后登场的是惠罗百货公司，1882年该公司创设于印度加尔各答，1907年在南京路、四川路口东北角开业，最初的顾客主要是西洋人，1920年代以后惠罗公司将顾客面扩大到上海的中国人上流社会人群，广受欢迎。

图1-8 英商惠罗公司外景

图1-9 惠罗百货公司

福利公司、汇司公司、泰兴公司、惠罗公司合称南京路"前四大百货公司"，这些外国百货商店十分注重外观，努力营造良好的购物体验，使用开放式货架和玻璃柜，尽可能为消费者提供方便。店内柜台、玻璃橱、货架的排列星罗棋布，顾客可自由亲近中意的商品，还特别注意利用沿街玻璃橱窗展示商品，精心设计，力求达到"令路人过目不忘之效"。

百货公司讲究琳琅满目，商品应有尽有，新和潮当然也是追求的目标。洋商开设的老牌百货公司专营高级进口商品，售卖来自世界各地的食品杂货、男女服装、家具以及各类高档奢侈品。但并非所有的城市居民都是百货公司的消费者，这些带有浓厚奢华意味的百货公司把目标锁定为富人阶级，当时的顾客基本都是旅沪的欧美侨民，他们为了解决日常所需成为百货公司的主要消费群体。

（三）华侨资本四大百货公司应运而生

外资百货公司从创立以来都是为国外在沪居民服务的，尽管其经营规模庞大，经营方式先进，但是却忽视了清末以来上海上层社会中国人消费能力的崛起，以及中国都市中间层购买力增强的事实，没能准确地捕捉中国人消费心理的特质，不能充分认识上海大众市场快速发展的事实。因而，在经营方针上过于传统片面，在开拓新资本方面也较为保守落后。正是由于这些原因导致其不得已将业界领导地位让给新进入上海的华侨资本，先施、永安、新新、大新"四大百货公司"应运而生。"四大百货公司"争奇斗艳，撑起了中华第一街上海南京路的繁华。经历了近一个世纪的风雨沧桑，如今南京路上幢幢独具风韵的欧式建筑

仍在,但先施、新新、大新的字号已经不复存在。屹立在南京路的,唯有
"永安"这一家硕果仅存的百年老字号。

 葛涛（上海社会科学院历史所）:百货公司售卖网球、乒乓等体
育用具,还有一些新起的消费品,比如说唱片、无线电等,以及一
些时兴的家居电器用品,还包括饮食、洋酒、进口的糖果和文具
等,这些都主要是面向城市中产阶级的,这个消费群体带动了市
场不断的兴起,所以南京路就逐渐成市,成为现在规模的缩影。

永安公司为旅澳华侨郭乐创立。郭乐1874年出生在广东中山,迫
于生活,16岁从老家去往澳大利亚谋生。一开始在同乡水果栏,也就是
"先施"的创始人马应彪的果栏帮忙,几年后与人合资开设永安果栏。
同时,郭乐又经营华侨汇款业务,在广东设立永安银号,吸收闲散资金,
为以后的发展创造了条件。1907年8月,永安公司在香港皇后大道开
业,随后郭乐即把目光瞄向了上海。

由于先施公司的先发效应,郭氏也决定在南京路开店。但究竟是
将新店开在南京路路南,还是和先施一样开在路北,这个问题着实困扰

图1-10 南京路永安公司

图1-11 20世纪20年代初的永安（左）与先施（右）

图1-12 永安公司橱窗

了郭乐和他的弟弟郭泉。为此，郭乐采取了"黄豆选址法"：特地雇佣两人，一个站在路南，一个站在路北，每当他们身边走过一个人，就将一粒豆放进自己的袋里去，到晚上根据袋里豆的数目，统计南北两边行人的多少。

这项工作一连进行了好几天，郭乐和郭泉才肯定路南的行人比路北多，最终觅定了铺址。这个充满商业智慧的"袋子＋黄豆"组合，后来被垫放在永安的地基底下。而事实也证明，郭乐等人的判断极具前瞻性，众多的消费者都被永安公司"截"在了路南。永安开业比先施晚了近一年，但在日后的竞争中却一直力压先施，在很长时间里称霸上海百货业，原因之一就在于永安的"地利"发挥了重要的作用。

随着上海的中产阶层迅速扩大，现代、摩登的生活方式风行上海，乐于光顾百货店的中国人变得越来越多。南京路已被公认为是"魔都"上海的象征，这里集中了百货公司、专卖店、电影院、旅馆、酒家，商品琳琅满目，应有尽有。

上海曾是外国侨民最多的中国城市，外侨在上海生活工作的同时，无意中传播了西方的生活方式。受西方女性热爱运动、崇尚健康的观念的影响，上海女性的思想观念也逐渐开放，香水、香粉、香蜜取代传统的宫黛脂粉,传统服饰也被行动更加方便的洋装取代。此时的上海,不仅西方的思想文化广泛传播,西方的商品及生活方式也十分流行。开放的上海人"喜爱新玩意",前卫人士更是西方最新流行时尚的拥趸。20世纪之初,西方的电话、唱机、照相机、电风扇、汽车等几乎一进入上海就成为中上阶层的最爱,百货公司把西式的生活方式通过商品传递开来,以这样的传播手段把现代化带进了上海人的生活当中。

图1-13　《永安月刊》封面

实质上,上海开启了中国东西方文化交流的先河,而南京路不仅是西方时尚传入东方的窗口,也敞开胸怀吸引着八方来客,使得上海最初的商业形态迅速和国际接轨,影响着整个上海的城市发展和上海文化以及消费习惯,商业对整个社会的重大影响力逐渐释放出来。

图1-14　南京路插画

第二章
十里洋场

（1910—1949年） >>>

引　子

　　上海的南京路上迄今还耸立着四幢古老的欧式建筑，它们是曾在 20 世纪名噪一时的四大百货公司——"先施""永安""大新""新新"。虽然如今已不再是显眼的建筑，但当年却开启了中国民族零售商业的先河，成为南京路商业街的脊梁，至今还推动着中国零售商业的发展。

一、西风东渐

旧上海"十里洋场"的模样如今已难重现,取而代之的是商业繁华的南京路。但是,南京路与上海老街、外滩等历史悠久的街道一样,有着一段鲜为人知的过去。时代的变迁将这条商业街曾经的喧嚣与繁华永远定格在人们的记忆里。

(一)南京路兴起

据记载,南京路兴起于150年前,那时的上海已经是洋人的租界。1850年,麟瑞洋行的大班霍克等人疏通了一条用碎石覆盖的小路,年

图2-1　民国时期外滩高楼林立

轻人经常在上面骑马奔驰。于是,这条路被称为"马路"或者由英文parklane直译为"派克弄",零星的洋行分布其中。之后,随着英租界的扩张,1862年派克弄跟随跑马厅延伸后,"中华第一街"——南京路的雏形开始呈现,1865年殖民者将这条马路正式命名为"南京路"。

　　1908年,得益于第二次工业革命的推动,南京路上有轨电车通车,

图2-2　20世纪初南京路的街景

图2-3　南京路上的一处商店

商业也因此得到飞快发展。一时之间,外商纷纷驻扎南京路,开始大力推销洋货,结果导致京广杂货的销售量大大缩水,洋货成为主导。1914年这条路成了远东最大的商业购物中心,中国的民族资本家们也无不梦想着能在这里创造中国的商业神话。

（二）外商进入与商业集聚

1914年"一战"爆发,外国资本家忙于战争,暂时忽略了对市场的盘剥垄断,使得国货出现了短暂的春天。"一战"后,外商又卷土重来,大肆推销洋货以垄断市场。当时的洋货十分猖獗,如小零食、药品、钢笔、香烟、打火机、剃须刀、香水、胭脂等,甚至草纸、扫帚都是洋货。在一些地方甚至出现了洋货"聚集成市"的现象,于是洋货又迅速取代了国货。之后一批大型公司纷纷落户南京路,华商建造的先施、永安、新新、大新四大公司都在此时相继开设。

1925年左右,随着租界电车等交通线路的延伸,原来冷落的地段逐渐繁荣,中小型店铺随之增加。全市百货业商户增加至400家左右,遍布上海各处,经营种类扩大到国产轻工业产品。而南京路一带继先施、永安等大型百货商店出现后,又诞生了新新、丽华等经营洋货为主

图2-4　南京路上熙熙攘攘的人群

的大百货公司,灯红酒绿、顾客盈门,形成上海最热闹的商业中心区。

　　与此同时,上海民族工商业借五卅运动后全国抵制洋货提倡国货之机,先后筹组国货工厂联合会等组织,于1928年开设中华国产联合大商场,这是南京路出现的第一家规模较大的纯粹经营国产百货的综合性零售商场。而其他商店中国货产品的比重也逐渐增加。另外,因上海是轻工业品产地,国内各地纷纷向上海采办商品,此时百货行业开始分化为专营批发的华洋杂货业和专营零售业的小百货,并于1930年先后成立两个同业公会。

　　20世纪30年代初,世界经济危机波及中国,加之1932年“一二八事变”后,市场购买力萎缩,上海百货业经营一落千丈。南京路一带的商店有半数负债,全市倒闭的约有六七十家,因此受牵连的工商企业也数不胜数。为此,各商店采取各种办法维持经营,同行竞争激烈。如行业中出现将商品削本出售的“叫货店”。一时间,各商店大减价之声不绝于耳。与此同时,工厂也广设门市部或商店直销以谋出路。到1934年,上海百货商店激增至700家,各类由工厂筹办的国货商场也越来越多,比较出名的有中国国货股份有限公司、中国国货联营公司、上海市商会北货国货商场、南市国货商场、南市蓬莱市场、中央国货大商场等。

（三）战时商业

　　1931年抗战爆发后,上海百货公司因邻近外滩,受到炮火威胁,停业达1月之久,各大百货商店的营业额一落千丈。如南京路先施、永安两公司先后遭日机轰炸,死伤职工、顾客、行人达千人之多。但是,在孤岛时期,上海百货商业出现了短暂的兴旺,小百货业从原集中的南京东路、广东路、金陵东路一带,逐渐向霞飞路（今淮海路）、西藏路、静安寺、同孚路（今石门一路）一带发展。

　　1937年8月,淞沪会战打响,硝烟笼罩上海。从8月13日开始,每天都有几百架飞机在上海上空呼啸而过,扔下上千颗炸弹。南京路上,先施、永安、新新四大百货公司中的三个都遭到流弹,面向南京路的门窗震毁大半,公司员工伤亡数十人,先施、永安公司不得不停业数十日。

　　1941年太平洋战争爆发,日军占领租界,各大百货公司经营权落入日军手中。此时对外贸易停止，物资受到统制，全市游资充斥，物价狂涨，投机猖獗。在当时情况下，工不如商，商不如囤，囤不如投机，游资纷纷涌向便于销售囤积物品的百货业。由此，百货店数量激增，1945年达到2 600余户，各主要马路百货店鳞次栉比，达到开店高峰。

从1937年8月淞沪战役爆发，到1941年12月日本偷袭珍珠港，上海租界地区进入"孤岛"时期，大量富商、难民和资金涌入，反而造成了一种畸形的繁荣景象。由于人口大量增加，百货公司的商品供不应求，永安的净利润率从1937年的9.7%涨到1941年的25%，大新的净利润率也从1.89%涨到29%。国难当头，已经争斗了整整三十年的四大百货公司挺身而出，联合其他商号，组成了战时服务团，出钱出物、支援抗战。

 李天纲（复旦大学哲学系）：战争以后，难民或者是中小业主都挤到了租界，因为租界还能保存其法律地位，在1941年以前日本还没有侵入这个地区，租界里面出现了另外一场繁荣。

太平洋战争爆发后，日军进驻租界，向四大百货公司派驻"监督官"，对采购、库存、销售、价格等方面进行严格监管，现金全部强制存入

图2-5　中国饭店遭轰炸后的废墟

横滨正金银行。四大百货公司一方面暗中抵抗管制,另一方面积极维持运营,百货主业竟然从未因战争而崩溃过,反而实力略有增强。

此时的上海落入日寇的魔掌,但因为有美、英、法等国的保护,大批外省的豪门大户、地主财贾带着钱财,逃进"租界",寻求庇护。一时间,人口激增,工厂、商店的生意也兴盛起来。孤岛经济的畸形繁荣,让永安等四大公司赖以存活。十几年里,战乱不断,人心惶惶。虽然艰难,但上海的零售业一直没有断代。

(四)抗战胜利

1945年抗战胜利后,因美货泛滥,国货工厂大受打击,加之因国民党政府实施限价引发的抢购狂潮,致使许多商店货源断绝,百货业损失惨重。上海解放前夕,受国民党打内战的影响,市场购买力锐减,当时百货行业户数虽为1 068户,但实际上多数经营困难,百货业一蹶不振。1945年抗战胜利,上海的商业似乎出现了重新繁荣的曙光,但滚滚长江东逝水,属于南京路的纸醉金迷,属于上海滩的风花雪月,属于民国时代的所谓罗曼蒂克,都已彻底结束了。

1949年5月27日,上海解放。南京路上四大百货中,先施、新新、大新已经先后撤离。而永安公司和它的老板郭琳爽决定留下来。与此同时,鸿翔时装公司经历公私合营,最终收归国有,成就了上海滩国产时装店的百年老字号。1950年,为纪念淮海战役,曾经的霞飞路有了今天的名字——淮海路。它依旧以前卫的姿态走在潮流尖端。

1910—1949年是零售业西风东渐、逐步发展的阶段。在这一时期,国内民族资本开始兴起,南京路的"四大百货公司"逐步登上历史的舞台,南京路被称为"十里洋场",同时也被称为"远东的巴黎"。

二、南京路"四大百货公司"
   四足鼎立之势

1914—1918年，当欧洲诸国忙于在西半球擦枪走火之时，国内民族资本乘势勃兴而起，拥有澳大利亚侨商背景的先施公司和永安公司即是在此期间完成了招股、选址、买地、造楼等一系列工作。

先施公司门前那条铺了铁藜木的马路，就是日后大名鼎鼎的上海南京路。"北京的篷尘，伦敦的雾，南京路上红木铺马路。"一首童谣传唱沪上。1914年，南京路、浙江路口的西北角开始兴建一座7层高的大楼。很快，中国第一场近代零售战争将在这条马路上爆发。先施百货公司（The Sincere Co. Ltd.）、永安百货公司（The Wing On Co.〔Shanghai〕Ltd.）、新新百货公司（The Sun Sun Co. Ltd.）和大新百货公司（The Da Sun Co. Ltd.）被称为上海"四大百货公司"。富有传奇性的是，南京路上的这四大百货公司，其创业者的祖籍竟都是广东省的一个小县城香山。1917年10月20日，经过三年施工建设，南京路上第一家由华人开办的大型百货公司——先施公司开业了。

（一）第一家大型百货公司——先施公司（1917年）

1914年6月14日，上海租界区摩肩接踵，人流如梭，七名操着广东香山口音的男子，行色匆匆地走在马路上。他们左手拎着一个坛子，右手提着一个麻袋，每人都挑了一个通向外滩的路口守着，把坛子摆在面前，面无表情地盯着来往的行人，每走过去5个路人，就从麻袋里掏出一颗黄豆，扔进坛子里。这些人的古怪行为，其实大有深意：他们是在

图2-6　先施公司建筑外景

计算每个路口的人流量，堪称手工大数据。领头者是广州先施公司经理黄焕南，他受老板马应彪的委派，来沪考察地段，筹建上海第一家百货公司。黄焕南根据"黄豆选址大法"，选定了一处靠近外滩的风水宝地，这里北通火车站，南邻富人区，车水马龙，客流如潮。于是他开始筹建上海第一家大型百货公司——先施公司。

1914年8月，澳大利亚华侨商人马应彪坐着自己的高级轿车来到了这里。虽然已经派人来这里实地考察了两次，但是他的目光中仍然透射出一种焦急，心里不断地盘算着究竟这条已经商铺云集的路上哪里还适合建一座百货大楼。最后，他看中了日升楼易安茶社旁边的地段，尽管这里市面清淡，有人告诉他财神爷不喜欢，但地价却比较便宜，更重要的，这里还有直达上海北火车站的电车，足以带来大量的外地旅客。于是马应彪很爽快地买下了这块地，准备建造上海最大的百货公司——先施百货。三年后，人们终于见到了这座大楼，它不仅成为上海第一商业高楼，也是第一家由华人自建的综合百货公司。

先施公司是香港第一间华资百货公司，由在澳大利亚开果栏致富的香山（今广东中山）籍华侨马应彪创办，是香港早年规模最大的百货公司，亦为香港零售业推出多项创举。先施的名字取自四书《中庸》篇"先施以诚"。广东香山出身的澳大利亚华侨马应彪，先在悉尼成功经营水果批发生意，又在香港及广州开设百货公司打下根基，之后转战上海。马应彪在南京路浙江路口租地20亩，先后三次募集股金200万元，兴建五层大楼,率先开办出一家大型环球百货公司。先施公司沿街为骑楼式外廊,并与街道相通,屋顶设有屋顶花园、茶座。大楼转角外立面有一个三层塔楼,其平面由下而上逐层收小且由方变圆,以塔司干式柱支撑。建筑外貌腰线突出,具有文艺复兴风格,局部有巴洛克式装饰。大楼是民族资本创办的上海早期商业楼之一,其塔楼形象是南京路商业街景观标志之一。现为上海时装股份有限公司。经营品种有五金、烟草、罐头、茶食、南货、文具、洋杂货、绸缎、中西药、女装、西服、

图2-7 先施公司的创办者马应彪先生

皮货、玩具、首饰、钟表、光学仪器、电器、漆器、乐器、家具等商品。

1917年10月,南京路上第一个中国人筹设的先施公司在鼓乐鞭炮声中开张,喊出"始创不二价,统办环球货"的口号,一时间盛况空前。先施公司将经营品种划分详细,例如西装部、香水部等。先施公司坐落于南京路北侧,楼顶上的钟和漂亮的霓虹灯吸引着蜂拥

图2-8 先施公司西装部

而来的人们。先施公司是第一家由中国人开办和经营的现代化百货公司,改变了讨价还价的习惯,开了不二价的先例,破天荒地雇用了女售货员,先施公司楼上还有上海最早的屋顶花园和游艺场,曾吸引了无数上海市民。上海分公司设有商场、东亚酒店、先施乐园,成

图2-9　先施公司香水部

图2-10　先施公司家具部

为旧上海四大公司中创立最早的一家。同时在新加坡设分店，并先后在日本神户、英国伦敦设庄。

1935年先施公司又在澳门设分店及东亚酒楼。声誉显著，营业兴盛，成为亚洲第一流百货公司。

图2-11　先施公司内部悬挂着万国旗

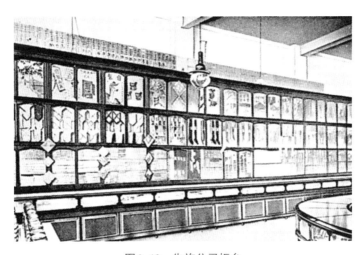

图2-12　先施公司柜台

先施公司开张之日,门口拥挤不堪,南京路为之堵塞,商场里人山人海,购物者、参观者络绎不绝。是日,附设之东亚旅馆亦开张营业,其设备为上海第一流。同时又设东亚酒楼,包括中西大餐、满汉全席与经济小酌、咖啡菜点等。另设豪华舞厅,聘上海女歌手表演。买、吃、玩、住,都在大楼之内。常有一住数日而不归者,使得上海先施公司生意极为兴盛。

图2-13　先施公司门前车水马龙

1914年,旅居澳大利亚的侨商黄焕南曾两次到上海实地调查和具体筹备,向业主雷士德洋行租赁地皮10亩,于此建成一座新式坐北朝南的五层大楼。经董事会决定,沪行独立招股集资60万元,其中港行先拨款占股1/10,并在沪、港、粤三地公开招股,不久股齐。由于工程巨大,需不断追加投资。董事会决定再行增股60万元,后又决议加足200万元。股满后,成立沪行董事会,马应彪为董事长兼监督,黄炳南为董事兼首任正司理。此时永安公司在马路南面亦在筹建沪行大厦,先施公司加紧施工,终于在永安公司建成前先行落成。

马应彪率先用明码实价的形式,是近代中国商业销售技术中一个创举。这种一针见血的方式最接近商业经济的本质。大型综合商场的"吃喝玩乐俱全"就是源于先施公司和大新公司(今广州中山五路新大新和长堤南方大厦)的尝试,当时就将娱乐和商业捆绑。先施公司设立的每一个商号都以酒店或娱乐中心配套，吃喝玩乐全都在一起。走进先施百货公司，琳琅满目的商品让人眼花缭乱。与传统的专门店如南货店、食品店不同，这个大型综合零售商店经营商品达1万多品种，售货员就有300余人。商品种类多，而且多数是中外的优良品。进入百货大楼的顾客最初仅打算购买衣料品、日用品

图2-14　先施公司职员于化妆品发行所前合影

的，却不料进入了吃喝玩乐等什么都齐备的场所。

　　在服务方面，先施公司也率先推出有奖销售、发行兑奖券和股票，孙中山先生就曾经买过先施公司的股票。先施公司对于一次性购物较多的顾客实行特殊照顾，如果现金不够的话，可以留下地址，由公司送货上门再付费，不仅方便大主顾，而且也提升了公司的销售业绩。上海是沿海开放城市，在五口通商之后有大量的外国居民，成为百货公司的主要客流，同时买办、所谓的上流阶层也都是这

图2-15　先施百货公司兑货券

些百货公司重要客流。所以四大百货公司在南京路上落户,拔地而起,与那个时候整个上海的国际化程度相关。

先施公司的留声机

这是一台先施公司贴牌的留声机,此机由美国胜利(维克多)公司生产,型号为VV2-55,生产时间在1929年,机器外壳是由金属制成。

这台留声机特征在于唱臂唱头镀金,外壳覆盖着一层织物材料。VV2-55留声机于1929年推出,到1930年停产,

图2-16　先施公司的留声机

当时在美国的售价为35美元,总共生产了33.4万台,这台留声机生产时间刚好跨越在胜利公司与被美国RCA公司收购的中间段,可以说一台机器连接了两段历史。

先施公司经销的商品有千千万万,能够保存下来很不容易,这是一段历史的见证,虽然经历风风雨雨,依然看得出当年的繁华景象。中西音乐,精造唱机,霸气十足,足以显出先施公司当年的实力。这台留声机就是铁的证据。

1954年上海先施公司结束营业,1956年上海时装公司进驻先施公司旧址,随后先施公司在大陆消失了近四十年。1993年先施曾一度重返上海南京路,在南京东路479号重新开业,可惜不久后由于市场不景气等综合因素再次结业。

总体而言,先施公司的创办是近代中国商业史上的创举,它对鼓励华侨资本经营国内工商业起了一定的积极作用,为近代中国城市大商店的现代化经营提供了范例。

图2-17 如今的上海时装商店（原先施公司旧址）

（二）先施公司的老对手——永安公司（1918年）

先施公司前脚刚登陆上海滩，老对手永安公司后脚也来了。永安公司的老板大洋洲华侨郭乐也是广东香山人，在香港便和马应彪针锋相对地竞争。他参考了黄焕南的"黄豆选址法"，派两个人站在南京路的南北两侧，用豆子来统计行人流量，最后发现南边儿的客流更大。于是永安便在南京路南侧买了一块地皮，与先施百货隔路相望。

1918年上海永安公司开业，确立以经营环球百货为主的经营方针，并附设旅馆、酒楼、茶室、游乐场及银业部。以香港总店为后援，经销商品1万多种，其中八成为世界各国的高档商品，号称"统销环球百货"，一时竟有"销金窟"之称。永安公司是中国近代最大的百货公司，商业老字号之一。

图2-18　永安公司新厦建造地基时留影

图2-19　永安公司建筑外景

该公司创业时,其设置和经营策略与马路对面的先施公司基本相似,但有两个改进:一是奠定了进门就是商场的格局,一楼销售各种日用品,二楼为呢绒绸缎,三楼和四楼经营珠宝、钟表、家具等贵重大件,这样的布局影响了整个上海的百货业。二是在进货渠道上采用从英国、美国办事处直接进货的办法,不仅款式新颖,也更具有价格优势。大件商品可由公司送货上门。"Customers are always right!"(顾客永远是对的!)这条霓虹灯制成的英文标语置于商场的显眼处,成为永安职工必须恪守的准则。同时,公司还采取发售礼券、代送礼品、开办邮售业务、定期进行大减价等经营策略吸引顾客。

图2-20 永安百货商场的外景

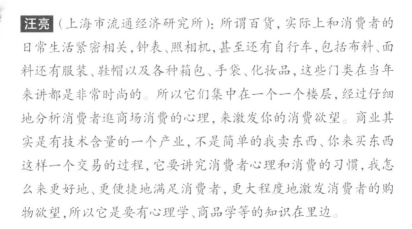

汪亮（上海市流通经济研究所）：所谓百货，实际上和消费者的日常生活紧密相关，钟表、照相机，甚至还有自行车，包括布料、面料还有服装、鞋帽以及各种箱包、手袋、化妆品，这些门类在当年来讲都是非常时尚的。所以它们集中在一个一个楼层，经过仔细地分析消费者逛商场消费的心理，来激发你的消费欲望。商业其实是有技术含量的一个产业，不是简单的我卖东西、你来买东西这样一个交易的过程，它要讲究消费者心理和消费的习惯，我怎么来更好地、更便捷地满足消费者，更大程度地激发消费者的购物欲望，所以它是要有心理学、商品学等的知识在里边。

20世纪30年代，永安公司跃居上海四大百货公司（先施、永安、新新、大新）之首，在中国和世界享有良好声誉。永安公司在管理上重视进货和资本积累，讲究经营和服务，以"顾客永远是对的"为信条，并重视销售国货。永安百货公司与永安纺织印染公司等共同构成永安资本集团。

1956年，永安百货公司公私合营。1966年实行国营，上海永安百货更名为国营东方红百货商店，随后再次更名为上海第十百货。1988年在改革中，引进先进技术和设备，对商场进行全面改建和装修，同时更名为上海华联商厦，2005年4月，该商厦重新使用旧称"永安百货"。

图2-21　永安公司绸缎部

图2-22　如今的永安百货

图2-23　先施百货屋顶花园

图2-24　永安公司屋顶花园

（三）日日新又月月新——新新公司（1926年）

1923年，发明"黄豆选址法"的先施百货高管黄焕南和先施经理刘锡基等人自立门户，联合澳大利亚华侨李敏周，筹资300万元创办新新百货，于1926年开业。新新百货的店址也选在南京路，楼高6层，夏季开放冷气，很快就能跟另外两家分庭抗礼。新新公司是南京路"四大百货公司"中第三家新开设的公司。侨商刘锡基以每年租金8万两银子，租期满后房屋收回的苛刻条件租下了毗邻先施公司的哈同洋行房地产地皮。大楼由匈牙利设计师鸿达设计，于

图2-25　1930年代新新公司建筑外景

1926年1月23日建成开业。大楼取名为"新新公司"，寓"日日新又月月新"之意。大楼简化了古典主义建筑繁复的线条和装饰，趋于简洁明朗，但依然保留三段式处理手法，在面临南京路中部顶层设一座高高的方形空心塔楼，在高度及霓虹灯的设置上与先施、永安争奇斗艳，并在西南角、东南角各设一座角亭。

新新公司整座楼高6层，底层至3层为百货商场，4层为粤菜馆，5层设新新茶室、新新美发厅、新新旅馆等，6层设新都饭店、新都剧场，并在新都饭店大厅内自行设计、自行装备了上海第一个由中国人创办的广播电台，因电台的房子四周是用玻璃隔断的，俗称"玻璃电台"，后改称"凯旋电台"。1949年5月25日，该电台最早向全市人民广播上海解放这个重要消息，并播放革命歌曲。

图2-26 1929年工商部中华国货展览会新新公司分会场

新新公司创意经营

　　新新公司设立之初，经理刘锡基便希望能建立播音台，以招徕顾客。公司职员邝赞在美国旧金山学过无线电技术，自告奋勇为公司设计及制造电台设备，利用公司经销的无线电器材及开洛公司提供的无线电线路图，用211式真空管装置一部最简单的广播机，装设在公司六楼屋顶。此即中国第一家民营电台，于1927年3月18日正式开锣，每日播送新闻、音乐、歌曲，并宣传新新公司的商品，特别推销该公司装配的109式矿石收音机。电台的各项音乐节目，以播放唱片为主，有时也邀请名家或业余票友演唱。随着上海流行文化的转变，电台所播送的节目内容也有所不同：1920年代后期的电台音乐以戏曲为主，到了1930年代电影红星主唱的"时代歌曲"兴起，就成了电台音乐的主流。

　　电台播音当然是一种听觉刺激，不过新新公司的创意不止于此。1939年,新新公司将屋顶花园改建成新都饭店及新都剧场,为出奇制胜,公司特别在新都饭店中央设置一座玻璃广播电台,播音室四面以玻璃隔断,使顾客得以一睹播音员的风采。当时有些客人为欣赏某位歌星的芳容,或看一段戏剧,每天光临,并有固定座位。新新电台的建立与改建,为百货公司的广告术立下里程碑,真正使顾客"耳目一新"。

图2-27　新新公司的广告

新中国成立后,新新公司歇业,底层商场改为上海市第一食品商店,其他楼层改为新新溜冰场和服装商店。现整幢建筑为上海市第一食品商店。

（四）后来居上——大新公司（1936年）

1936年,第四家百货公司——大新百货也登陆上海,幕后老板仍然出身广东香山,是曾经与马应彪一起经营先施的蔡昌。同样在1934

年，在熙熙攘攘的上海闹市区街头，一名中年男子带着一袋豆子，一连数天，自早至夜，专注地盯着街上的行人和来往车辆，手中的豆子一颗一颗从一个袋子被放进另一个空袋子。他在用豆子计数行人及各种车辆往来的流量。他的内心正在描绘着一幅新的创业蓝图，这个人就是已经年近六旬的澳大利亚华侨蔡昌。

图2-28 大新公司的创始人蔡昌先生

这时的蔡昌已经在香港、广州两地成立了大新公司并获得成功，这也使得他名声大振，但他并没有为已取得的成功沾沾自喜，而是怀着新的创业热情，把目光投向当时的经济中心——上海。最终，他选择上海南京路、西藏路和六合路的交会处，成立了上海大新公司，楼高十层，由华人建筑师设计，不仅配备有18扇临街的大橱窗和全天候开放的空调，更是引进了两座轮带式自动扶梯，乃是全亚洲首创。此处多系里弄房屋，产权分属多个业主。为防止各业主哄抬地价，心思细密的蔡昌采取分头购买的办法。几番周折后，终于成功地买进该处8.2亩的地基。

大新公司是南京路"四大百货公司"的小弟弟，开设最晚，但博采众长，不同凡响。1932年蔡昌来沪，见广东同乡开的先施、永安、新新三大公司都很红火，便决定在新新公司西首的南京路西藏路口开设大新公司。这里原是20世纪初建造的联排式里弄住宅"忆鑫里"，十字路口转角处则是英美烟草公司代销店"荣昌祥"，蔡昌以高价买下该处地皮，于1934年11月19日破土动工。1936年1月10日楼高10层的

图2-29 上海大新公司

上海大新大厦在南京路西藏路口建成开业。大新公司由蔡昌任主席董事暨总监督，其弟蔡慧民任经理，长子蔡乃诚任副经理，职员有800多人，拥有1.7万多平方米的营业面积，使它超越先施、永安、新新，成为上海四大百货公司之冠。刚开张时，南京路上人山人海，商场内更被挤得水泄不通，不得不于下午四时提前关门，进行整理。1936—1939年，上海大新公司年营业额达300万—400万元，谱写了一段商业百货传奇。

大新公司这幢建筑平面呈正方形，沿转角处做弧形处理。建筑共10层，外貌简洁明朗，仅在屋顶墙上作中国式挂落装饰，其他部分采用直线条处理，底部贴黑色花岗石，上部贴米黄色釉面砖。1—4层为商场，5层为舞厅和酒家，6—10层为大新游乐场，还设有屋顶花园，并在国内首创地下商场，内设廉价商品部。底层大厅中央的自动扶梯属当时国内首创，楼内还有冷暖设备等。大新游乐场布置精巧，内有"天台十六景"，同时开辟京剧、话剧、电影、滑稽、魔术等节目的演出。大新公司先进的装备招徕了不少顾客，很快后来居上，成为南京路上赫赫有名的"四大百货公司"的龙头。

作为后起之秀的大新公司，在货品陈列方面下足了功夫。大量采用玻璃橱柜，光是第一层楼面便设柜台三千尺，"为上海各大公司最多者"。《申报》曾报道："各部分的玻璃柜台，也都经过周密的设计，每个角度底的接缝处，并不用木制的圆柱，而是用一种精致的金属来镶凑，使得走过柜台旁的顾客，观察起内部陈列的货品时，一览无遗，不会妨碍到每个人的视线。"

上海商场里最早安装自动扶梯的就是大新公司，这两部投资20万大洋的美国奥的斯（OTIS）自动扶梯，让上海百货公司的硬件水平跻身全球前列，直到1949年仍是中国唯一的自动扶梯。无论是慕名而来

图2-30　大新公司内奥的斯自动扶梯，1936年

的游客，还是进城探亲的乡眷，都排着队来参观，大新公司为了控制流量，规定需凭门票才能进商场，票价4角，可以抵扣购物消费，前来体验者仍然络绎不绝。1936年商场营业的时候里面四季温暖如春，夏天吹冷风，冬天供暖气，地下有停车场，所以无论外观和内在，都是与近代化紧密相连的，卖的商品也是近代化的商品，体现城市化的生活内容。

1937年7月，日本发动全面侵华战争，市民纷纷涌进租界躲避，而上海大新公司由于地处租界内，所以营业较战前更为兴旺。但1941年太平洋战争爆发后，日军占领了租界，大新公司被日方派监督官管制，虽未停业，但由于货币贬值，加上当局的变相掠夺，元气大伤。1947年，蔡昌携全家定居香港，逐渐将上海大新资金转移到香港，上海大新公司成为一个空架子。1953年，大新公司改为上海市第一百货商店。其到20世纪80年代，一直是全国最大的百货商店。

自此，南京路已经集齐了先施、永安、新新和大新四家百货公司，并有无数的化妆饰品、钟表眼镜、银楼珠宝、成衣绸布等店铺，77米高的和平饭店和83.8米高的国际饭店雄踞上海之巅，南京路从东到西一片繁华，霓虹灯彻夜明亮，"十里洋场"的美名开始响彻全国。四名广东香山人用百货公司重塑了南京路，南京路则重塑了上海，而上海则将重塑全中国的消费文化。

 陈雁（复旦大学历史系）：这些百货公司是有一定消费门槛的，主要面对中产以上的有钱人，他们标榜自己的货物是环球百货。永安有一句话说："永安除了棺材不卖，什么东西都卖，各种各样、上万种的商品在永安都售卖，数量非常多。"当时，百货公司进货部有两个主要渠道：一是有常驻在欧洲的采购部门；二是当时有一些国际买家到上海来推销商品，就跟永安等百货公司直接接洽。

 晁钢令（上海财经大学国际工商管理学院）：当时百货公司的服务都很好。很多人购物的时候不用把东西带走，只需要把地址留下来，商店里面专门有人提供送货上门服务。当顾客逛街回家时，商品就到家了，当时这个服务在永安公司称为"跑街"，类似于现在的快递小哥。而且，还有一些VIP服务，经常来光顾的，或者是比较有购买能力的顾客有专人服务，有新的商品大多会打电话通知，让顾客来看，服务做得很到位。

"百货四子"争奇斗艳，把一条南京路装扮得花枝招展，国际媒体称之为"地球上最世界主义化的马路"。抗战期间，上海沦为"孤岛"，大批外省豪门大户、地主逃进租界，寻求避难。一时间人口激增，商业畸形繁荣。1945年之后，内战爆发，因国民党政府的治理无能，上海出现了严重的通货膨胀，四大百货商场遭遇抢购潮。到1949年春季，除了永安，其余三家相继撤离上海。

1952年，先施公司大楼由上海时装公司、黄浦区文化馆、东亚饭店等使用，屋顶花园的纳凉晚会很受普通市民的青睐。1993年，先施公司重返南京路，新址在南京东路479号。1966年，永安公司改名为上海第十百货公司，1988年改建后称"华联商厦"。新新公司则从此歇业，原址改为上海市第一食品商店。1953年，大新公司大楼改为上海市第一百货商店，直到20世纪80年代前，这里一直是全国最大的百货商店。

（五）四大百货公司拼高度

四大百货公司主要有几个共同特征：规模相当宏大，装潢相当华丽，而且销售的是全球百货，由于西方日用工业品的进入促使上海百货公司快速发展，商品的品种开始丰富，消费者需求欲望开始强烈。这些百货公司已经具有一些现代的营销理念，它已经不仅是销售商品，更是融入了休闲娱乐的功能，例如先施公司有屋顶花园供大家休闲、喝茶、喝咖啡。永安公司有天运楼、舞厅，新新公司设立了一个玻璃广播站，在外面可以看到里面有人在做广播，这种营销形式就是除了购物之外，消费者可以在这里得到一种休闲，使整个上海的商业在当时展现了一种新面貌，奠定了大上海的商业中心地位。

 汪亮（上海市流通经济研究所）：百货公司实际上是一个综合技术，它不仅是一种新型业态，实际上它带来的是整个管理理念开始了革命性的变化，把一个本来是零售对手交易的简单行为，变成了一门科学，慢慢地商业零售也成为大学里面的一门课。

当时的百货公司明码标价、开发票、退换货都有一套很完整的制度。例如，1937年夏天，郭沫若先生从日本滞留10年后回到上海，因朝夕相随的一支派克笔留在日本，所以有老友在百货公司花了24元买了一支黑质、有黄色环纹的高级派克笔送给他。老友怕郭沫若不喜欢这种颜色，故而把发票也带来了，告诉他不高兴时可以拿去换掉。

陈雁（复旦大学历史系）：在郭彪的回忆录里曾记录当时有一个顾客买了一双袜子，然后回去穿了，可能是自己穿着不当，这个袜子坏了，第二天就来换，营业员觉得是顾客自己的原因造成的，郭彪正好在巡卖场，他看到了就立刻要求这个售货员帮顾客换了袜子。郭彪教训这个营业员说，其实只是一块钱的事情，但是退货这个事情你做了，整个公司的信誉就打开了，所以做生意的理念在那个时代就已经有了。

百货公司与一般杂货店最大的不同在于规模，这特别反映在商场建筑上。20世纪之前，南京路上的建筑以两三层的楼房为主。先施、永安、新新、大新四大百货公司进入南京路后，不断刷新着南京路的高度。

先施公司大楼由英商德和洋行设计、顾兰记营造厂承建，是当时南京路西段最高的一座五层洋楼。1918年开张的永安公司则以六层楼压过先施。有关两者楼高的竞争还流传过一段轶闻。

先施公司开业第二年，营业额已达439万元，马应彪乐呵呵地拿到了相当于投资两倍的回报。然而，商业时代的竞争是无处不在的，就在他准备开展周年店庆活动的时候，广东老乡郭乐、郭泉兄弟在他对面建立起了一个与先施经营范围相当的永安公司。

永安公司还未建造的时候，先施公司已经造好了，但外面的篱笆还没有拆去。当时，马应彪要看永安公司的设计图样，想如有好的东西，还可用在先施公司的商场布置上。郭乐拿出一份假图样给他看，他当时很得意，说永安不及先施。等到永安公司造好后，马应彪大喊上当，因为永安比先施造得好。

先施公司对于此事一直耿耿于怀，虽然自开业以来，生意畅旺，"惟以楼仅五层，视之他人，独嫌稍有逊色"。于是董事会趁香港先施公司25周年纪念时，决议增高两层，企图超越永安公司。1926年成立的新新公司，资金及商场规模虽不及先施公司和永安公司，其建筑高度却不落人后，建造了含地下一层的七层大楼。1936年开业的大新公司，则把楼层提高到十层。

四个广东香山老乡在上海滩做同一份生意，互相竞争起来却毫不留情，也因此留下无数精彩的商战故事。当先施公司大楼临时加盖两层时，永安公司也不示弱，当即决定在屋顶加一个"绮云阁"。先施公司自然咽不下这口气，马上又加盖一个"摩星塔"。为了吸引更多的顾客，先施公司楼上还有上海最早的屋顶花园和先施乐园游艺场，除了这些娱乐设施以外，先施公司的夜景也是当时南京路上最炫目的景色。据说当时的许多上海人晚上到南京路，就是为了欣赏先施公司的夜景。许多外地人，以中国古代美人相比，把先施公司称为"西施"公司。先施公司打造自己品牌的牙膏、雪花膏和花露水，永安公司便推出了可以记账的"折子"，风靡上海豪绅阶层；先施公司开创性地聘用女售货员，永安公司干脆组织起了一支服装模特队，每天在商场内表演，吸引顾客纷纷来围观……有一年，先施公司推出优惠礼券，为了激发消费者的购买冲动，它将香烟、酱油等热销商品的价格定得很低，永安公司就暗中派人拿了现款分批去吃进先施公司礼券，再以礼券购买香烟、酱油，这让先施公司吃了一个大暗亏。

1936年，面积最大的大新公司开业之际，先施等三家公司先是联手威胁国货小厂，不得向大新公司出售产品，否则就集体停止向这些小厂进货，大新公司开张之日，又联合举行"春季大减价"，将部分热销商品的价格定得很低。大新公司则大打薄利多销的广告，它还向厂商定制了独特规格的大新香皂、大新衬衫、大新雪茄，这在当时已是一种很超前的零售模式了。

三、四大公司争奇斗艳

（一）男女平等——女售货员与康克令皇后

先施公司的创办人中有一位不能不提的巾帼英雄，即马应彪先生的原配夫人霍庆棠女士。她是一位牧师的女儿，少年时代聪明好学，喜欢追赶时代思想新潮，曾经热情地拥护孙中山的反满主张，她辅助丈夫经营商业，也是"实业救国"的先进人物。

20世纪初的中国，封建意识异常浓厚，通常认为女子要留在深闺，把服侍男人作为自己唯一的职责。霍庆棠偏偏认为时代已经进入20世纪，男女平等不容置疑。于是为了方便女顾客，先施公司决定招聘女售货员。无奈招聘启事贴出一个多月，却没有人敢来应聘，老板娘一不做二不休，亲自披挂上阵做起了公司化妆品部的售货员，还带动两个小姑和她一起来售货。她不但仪态端庄，而且善于辞令，熟识货品性能，周旋于顾客

图2-31 霍庆棠女士

图2-32 先施百货女售货员现场演示制
作香皂，1935年

之间，深受男女顾客欢迎，一时间"三个女人同台站"的佳话传遍上海、香港和澳门。社会人士纷纷来到先施公司购物娱乐，都想亲眼看看这位勇气可嘉的老板娘，也想见识女售货员的服务是怎样吸引人的，先施公司的生意倍增。为了工作的方便，霍庆棠还带头剪去发辫，同时劝导公司内其他女性员工剪辫，以呈现女性短发的干练之风。霍庆棠的才干、勇气成了先施公司的活广告，她直到生下自己的第五个儿子才辞去售货员之职。

 冯金牛（上海图书馆）：百货公司的好处在于对妇女的就业带来很多的机会，以前我们说华人的妇女就业机会很少，但百货公司会吸引大量的妇女成为营业员、服务员，所以对上海妇女来说会增加很多就业机会，也给妇女解放带来了很大的影响。

20世纪30年代，永安百货公司面临其他三家百货公司的激烈竞争，但永安百货公司第二代掌门人郭琳爽是个商业奇才，创新的营销手段层出不穷，甚至无意中培养出了中国第一代带货网红——康克令钢笔小姐。在那个年代，合金笔尖的"金笔"是跟苹果手机一样的爆款商品，四大百货公司均有自己的品牌笔。而康克令小姐当年在上海滩的地位，不亚于今天受追捧的网红和主播。民国杂志《上海生活》创刊号，便以康克令小姐作为封面女郎。永安百货公司独辟蹊径，开设康克令（Conklin）金笔柜台，售货员清一色都是明眸皓齿的美女，烫着时髦的卷发，穿着合体的旗袍，戴着精致的胸针，讲着流利的英语，人称"康克令小姐"，一下子就红遍了上海滩。

当时,胡蝶被选为电影皇后,百业追踪,皆有皇后。但是,上海最著名的皇后却是康克令皇后谭雪卿。谭雪卿是广东番禺人,是上海四大美人之一。她最初在永安百货文具部当店员,专门销售康克令钢笔,吸引了不少顾客。

图2-33　"康克令小姐"和钢笔广告文案

陈雁(复旦大学历史系):这个笔当时非常畅销,因为是有一位很漂亮的女性职员在售卖,有一个上海的小开为了追求这个康克令皇后,每天都去买一支笔,然后变成了上海滩的社会新闻。康克令这个笔在美国其实不是什么优质的笔,它比派克档次要低很多,但是永安公司把它引进来以后,这个笔在保质期限内,如果坏了随时可以来换。有的年轻人为了看这个康克令小姐,就常常去换这个笔尖,然后成了这个社会的一种风气。除了这个康克令皇后,还有卖水仙牌保暖瓶的女营业员被称为水仙花皇后,还有卖包的就称为某某包西施,等等。

图2-34　《永安月刊》前三期,康克令小姐

注:郭志媛(郭琳爽之女,左,1939.5);吴丽莲(康克令小姐,中,1939.6);钟凤华(康克令小姐,右,1939.7)

这种营销方式非常契合钢笔的目标客户群——男性知识分子的心理。1936年，后来成为《文汇报》主编的徐铸成从武汉出差来上海，特地跑到永安公司，花了四块大洋买了一支金笔，就是为了一睹康克令小姐的风姿。据他回忆："果然明眸皓齿，不负众望。康克令柜台，顾客独多，盖多为慕名而来。"

1937年，永安公司的郭琳爽筹划开办"国货商场"，调集了全国2 000多家生产商，将这些优质产品在上海首发，如张家口的皮货、景德镇的瓷器、双妹牌香水、正字牌丝袜等，永安公司不仅是单纯的转卖商品，更是跟厂家一起把控质量，培育品牌，这些零售思想放到今天，仍然不显得过时。

（二）时髦的营销手段——刊登广告与促销

随着洋货打入上海市场，广告对于零售业的推动作用非常明显，尤其在民国时期，广告对近代上海城市中产阶级的影响非常大。广告已经不仅是商业销售的手段，而是一种城市文化的形态。当时四大百货公司竞相在报纸上刊登广告。先施公司于1917年10月，用1个月左右的时间在《申报》连载大规模的广告，宣称该公司在香港、广州等地已有10多年廉价销售世界优良品的历史。"今复分设上海，集资数百万元，自办全球货品，价廉物美。"

 葛涛（上海社会科学院历史所）：四大百货公司都有自己专门的刊物，这些刊物毫无疑问是广告刊物，但是除了广告以外还向城市中产阶级、向市民灌输一种生活形态、生活方式，通过广告来锻造一种新的消费方式，从而形成一种新的生活方式和一种城市氛围。

此时的广告，在介绍推销产品的同时，更关注消费者的需求心理。广告的出现也在无形中不断更新消费观念，引导着生活方式的改变。这样的广告不但不令人厌烦，反而让那些在生活工作中常与西方人士打交道的中国人产生兴趣，减少了国人心理上对洋货的抵触情绪——

尝试一下，喜欢了你便用，不喜欢你也并无损失，而获益的永远是广告背后的商家。

1926年创刊的《良友》画报是时尚人士了解世界潮流、获取最新产品信息的一扇窗口。《良友》画报上的商品广告可谓种类繁多，香烟、药品、化妆品、书籍等无所不有，甚至《良友》也为自己打广告，介绍将发行的特刊、广告版面的价格、即将举办的活动等。除为各种新产品刊登广告外，《良友》画报还辟有介绍国外杂闻的专栏，里面常常出现域外的最新发明，其内容不亚于一则广告。

良友广告

柯达富能大四十八号镜箱
（载于《良友》1933年7月号）

此新式柯达富能大四十八号镜箱，精小轻便，经济实用，装柯达百廿七号袖珍软片一卷，可拍照片十六张，每张阔一吋又四分之一，长一吋又分之五。

手指一按，镜箱即自动开关，箱身极轻，纳入衣袋，随身携带，随时可用。

……

隐形眼镜（载于《良友》1937年7月号）

最新发明的眼镜，只有一片凸形的玻璃镜，没有镜框。当戴这种眼镜时，要用橡皮吸入器来帮助它，同时镜内存储溶液，将眼贴近，即可戴上。除下时的方法也一样，此种眼镜约可戴八小时之久，而后方会脱落。因它没有镜框的缘故，所以不容易损坏。价值每双约在三十六元至五十二元之间……

提高商家人气指数的另一个方式就是促销。在20世纪初，上海的百货公司早已深谙促销之道了。20世纪初，上海的零售业商家为了提高自己的营业额,也为了拉一些长线顾客,推出了一系列的促销手段,包括凭折赊销、发售礼券、邮售业务、电话购物送货上门、定期大减价和赛会等形式。

凭折赊销是指商家选择一些殷实富户作为服务对象,采取凭折计账赊销的方式,允许这些顾客定期赊账,逢月过节结账一次。这种促销方式一方面极大地满足了买家的虚荣心,另一方面也使得商家获得了长期固定大宗客户。由于这些顾客多为富豪之家,商家大可不必担心客户为一两件大宗商品而倾家荡产,更何况逢月过节结账时还有毛利可得。

发售礼券是商家为吸收社会资金,扩大销售而采取的办法。礼券只能在本公司各商场通用,且只能购物不能兑换现金;这种礼券一般都印刷精致考究,常作为赠予之物,既保全了送礼者的面子,也照顾了受礼者的心情,因此,礼券一经发行便十分抢手。

邮购业务的服务对象主要针对外地顾客,这些顾客消费水平较高,但苦于不在上海,不愿受舟车劳顿之苦,于是商家便对这部分顾客接受来函订货。截至1920年,永安公司和先施公司都相继设立了邮购服务部门,并在国内各大城市刊登广告,吸引顾客购买。

随着电话在上海高档家庭的普及,电话订购业务也成了各大公司促销手段之一,市内无论远近,无论购物多少,均可享受送货上门服务,此举极大地方便了买家,也拉动了顾客的消费欲望。

定期大减价照顾的主要对象是普通购买者。一般在换季时,大型商场会将过季商品打折出售,其意图主要是推销一些中、低档商品。虽说商家永远不会做赔本生意,但面对形式多样的促销手段,没有哪个消费者能控制住自己的购买欲望。以上提及的种种促销手段有些在今天已淡出市场,有些则依旧活跃在商场的巨幅广告上。

(三)讲究消费文化与习惯——橱窗陈列与布局

以四大百货公司为代表的商业力量,通过充足的货源供应、卓越的硬件环境、科学的商场布局等重塑了上海市民的消费文化。百货商场大规模使用广告橱窗、玻璃柜台、升降电梯、降价促销、海报广告等方式,培育消费文化,培养消费习惯,对整个中国的消费文化产生了巨大的影响。

以商场布局为例：百货公司一楼通常以高频消费的食品、化妆品、牙膏、香皂为主；二楼为服装绸布，宽敞明亮供客户试穿比较；三楼为贵重商品，如首饰、珠宝、钟表等；四楼为皮箱、家具、电器等大中型商品，人流相对较少，可慢慢挑选。在未来的几十年里，无数中国城市的商场复制这种布局。

 冯金牛（上海图书馆）：一般的百货公司都会设立一些大的橱窗，临街的橱窗里面展示的是最时髦、最时尚的、最新吸引人的商品，而且经常更换来吸引消费者。所以说南京路看橱窗也是一种风景，橱窗能够吸引消费者，消费者进去了就会消费，这些都是百货公司带来的一种新的消费理念和消费方式。

在百货公司的影响下，南京路上的小商店也开始追求店铺造型设计和橱窗陈列。

 梁得所（曾任《良友》画报主编）：这条路的商店，店面装饰很讲究，宽大的玻璃橱窗中，五光十色，什么都有。来上海的旅客，不妨在灯火灿烂的夜间，浏览两旁橱窗，足以增加艺术和货物见识，获益一定不浅。

相较于旧式商店的"良贾深藏若虚"，百货公司总是尽量陈列货品，让顾客能一目了然。不但在一楼外墙使用大片玻璃做成展示橱窗，店内也使用大量的陈列柜展示商品。永安公司四周及走廊两旁设有40座橱窗，一般每月更换布置一次，靠南京路旁的橱窗，则依照时令季节，不定期更新陈列，以吸引顾客注意。

1934年大新公司建造时，曾聘请以设计百货公司闻名的美国建筑师葛安为顾问，他认为橱窗是百货公司最具价值的广告形式，建议大新公司外墙应做成毫无间断的玻璃橱窗，不但可以制造较好的视觉效果，也可以使室内墙面平整，避免出现难以利用的零碎空间。老板蔡昌采纳了葛安的意见,在大新公司一楼外墙装置了18座玻璃橱窗。为发挥其广告效果,百货公司对于橱窗布置甚为考究。随着时代变迁,橱窗装饰方式日趋多元。

20世纪20年代初期正值上海百货公司的萌芽阶段,其展示方式以单一物品为中心的"单式陈列"及展示多种商品的"复式陈列"为主。1924年,香港先施公司老铺及其广州分行的橱窗,同类或相关商品置于同一个橱窗内,整齐地堆成几何图形。1930年代,百货公司发展出情境式陈列,利用橱窗及商品"说故事"。例如,到了中秋节,永安公司在橱窗内布置一个巨大明月,并有一名古装宫女绕之而行,取嫦娥奔月的故事为主题背景,前景则展示多种月饼。又如,圣诞节前数星期,永安公司定制一身穿华服白发白须的圣诞老人像,置于橱窗中央,旁边陈列许多儿童玩具。受到租界外来文化影响,上海人开始过起圣诞节,即便不去教堂,圣诞节送礼也成为一种时尚。百货公司为争取沪上外国人及洋派作风华人的市场,自然不能放过这个机会,在窗饰方面大做文章,以吸引顾客上门。另外,冬令时分,百货公司还会把橱窗布置成雪景,以棉絮做成雪花,用机器使之循环不息,作下雪状,同时陈列冬季用品。

从1917年第一家先施公司创立,到1936年抗日战争前夕,上海大型百货公司已发展到7家,且都集中开设在商业繁盛的南京路上。在这20年中,由于时局相对平稳,各大百货公司营业额稳步上升。1930年,闪烁着五彩霓虹灯的百货公司几乎就是夜上海的代表。同时也是这些百货公司塑造了上海南京路景观,先是福利、惠罗等英商公司首先为百货公司在城市景观中定位,其后华资百货公司的出现使南京路、浙江路口成为新的商业聚点,从而形成南京路东西两端分别以百货公司为起点和终点的现代街道特色。

这一局面自抗战爆发直到新中国成立,未有重大变化。新中国成立后,各公司又经历了一次新生,大新公司更名为第一百货商店,新新公司更名为上海第一食品商店,先施公司更名为上海时装公司,永安公司更名为上海第十百货公司。2005年,历经"东方红百货""第十百货""华联商厦"等多个称谓的永安公司重新恢复"永安百货"原名,至2018年9月,永安在上海已有整整百年的历史。

图2-35 新中国成立前后上海南京路街景

四、其他百年零售店

　　百货公司并没有彻底改变人们的消费模式,百货公司林立的南京路上仍充斥着各种各样的小商店,以传统讨价还价的方式进行交易。沈大成点心店、三阳南货店、亨达利与亨得利等一批老字号,一直活跃到今天。

　　汪亮(上海市流通经济研究所):四大百货打出的都是环球百货的旗号,网罗各家品牌,而处在它身旁的这些小型的专卖店,是从精细化方向去做,只卖一个品牌,但是多品种,而且追求高质量。所以在这种情况下,往往也打出他们自己的旗号出来。比如,南京路上的张小泉剪刀店,在南京路上长久落户,它就卖剪刀,但是问题是张小泉的剪刀和别的剪刀不一样,与众不同,所以创出了自己的品牌,它是一种互为补充、互相支撑的商业生态环境。

　　陈雁(复旦大学历史系):新兴的百货公司和传统的商业业态是长期共存的。绸布庄、布店都是南京路的老字号。另外像老字号亨达利钟表店,西伯利亚皮革行,这些专门的业态是长期存在的,包括现在仍然还有。所以巨无霸型的、旗舰型的百货市场是很大的,但是它不会完全挤占掉这些专业性的商业业态。

　　南京路上建筑雄伟的四大百货公司,成为上海的地标与象征。中间嵌入鸿翔时装、汪裕泰、张小泉剪刀、吴良材眼镜这样的零售专卖店,共同塑造了南京路商业街的繁荣,完成当时上海零售业的商业布局。

（一）鸿运高照,飞翔全球——鸿翔时装（1917年）

在某种意义上,消费的发达也促进了社会文化的进步。当南京路上商店发展到300多户时,它开始变成中国的商业中心,这里不仅集中了中国名牌老店,还可以购买来自世界各国的商品。2017年10月27日,静安时尚之都"800show"秀场,一家国产时装老字号品牌举行了它的百年庆典,这就是"鸿翔时装"。提起"鸿翔",老上海人一定不会陌生。这是一家专营女子时装的零售商店,是沪上有名的老字号。

鸿翔的创始人是金鸿翔,鸿翔从一个来料加工的小店铺逐步发展成为当时上海滩数一数二的女士服装品牌商店。1896年,中国第一家国产西服店就诞生在上海。到1930年,上海成立西服业同业公会时,上海已有420余家西服店。像荣昌祥、亨生、培罗蒙等都是上海名店,其中的荣昌祥更因为孙中山先生制作中山装而声誉卓著。实际上,中国传统服装的成衣铺从清朝乾隆末年便开始了,上海这样的商店当时一共有2 000多家,拥有4万多位裁缝。

图2-36　金鸿翔先生

1917年,金鸿翔在友人资助下,以600银圆资本,盘下静安寺路王家库（即今南京西路王家沙）一家三开间门面,准备经营西式服装。店铺进行简单装修后,即于当年秋天正式对外营业。店铺取名颇费了金鸿翔一番心思,最后落定中文"鸿翔"二字,寓意"鸿运高照,飞翔全球"。令人称绝的是在中文名之外,还有英文名"Dong Zang Ladies Tailor Shop"。中英对照的取名方式在当时上海滩众多裁缝铺中堪称奇招。1928年,在如今南京西路863号扩大门面后,正式改名鸿翔时装公司,1932年在如今南京东路750号设立鸿翔公司分店。这是上海开埠以后第一家由国人创办的女子西式时装商店,它以独特的女性视角、上乘的剪裁工艺、内敛的设计风格,以一件件完美的旗袍、大衣等引领了老上海时代潮流的走向。

1933年，鸿翔时装参加芝加哥世界博览会，送选了六套制作精良的旗袍，受到了一致好评，被评为银质奖章。鸿翔女装制作技艺在2009年被上海市列入非物质文化遗产的名录，2011年又被中国商务部重新认定为中华老字号。在一百年的历史中鸿翔时装获得了许多的第一和无数的荣誉，比如说鸿翔女装是中国第一个用时装来命名公司字号的，是第一个引进外籍的设计师和模特来为鸿翔设计和展示服装的，中国第一个时装表演队也是在鸿翔成立的。

陈健，是鸿翔时装第三代传承人，非遗传承人，荣获"上海工匠"称号。从18岁进入鸿翔，已经工作了42年。时代在变，鸿翔的传统制衣工艺却被一代代传承下来。因为是量身定做的，一个师傅要从头做到底，包括所有的订纽扣都是一个人的活，没有别人替代，对各个方面的要求比较高，所以做衣服的时间相对比较长，周期也拉得长。再加之做的是女装，胸腰都要做出来，也要花费很多功夫，但这些传统工艺一直延续到现在。

陈健（鸿翔时装第三代传承人）：金鸿翔13岁就出来学徒，那个时候有一个说法，学手艺的人一定要年龄小，年龄太大了反而学不好，所以一般人招徒弟也是招十几岁的。他比较早，先学的是中式衣服，又去学习了西式的衣服，他肯动脑筋，觉得什么都要学，还到海参崴学皮革皮衣、裘皮等，学好了以后，世界大战时他就回到了上海，开了自己的店。

20世纪20年代，上海滩上流传着这样的歌谣："人人都学上海样，学来学去学不像，等到学了三分像，上海又变新花样。"上海滩的摩登时髦让各派服装高手云集十里洋场，而一个上海浦东来的小裁缝金鸿翔却在这里树起了一块金字招牌——鸿翔时装公司。

冯金牛（上海图书馆）：当时鸿翔时装吸引了上海乃至中国最具时尚权威的女性。上海的贵妇名媛，凡是有地位的女性都是以穿

图2-37　20世纪30年代的鸿翔时装表演秀

鸿翔服装为自豪的。宋庆龄女士也特意到鸿翔服装店定制了旗袍，据说还为鸿翔题了词。

陆维钧（鸿翔时装公司原营业员）：1927年，浦东来的小裁缝看着鸿翔的名字被挂了上去，取"鸿展翔飞"的意思，图个吉利，他要做上海女装界的名牌。这个胸怀大志的老板也把自己的名字，由金毛囡改为金鸿翔。当时鸿翔注册了八个商标，比如飞翔的翔、鸿毛的鸿、吉祥的祥，所有的鸿翔等，注册了八个。

陈健（鸿翔时装第三代传承人）：以前旗袍都是少数民族穿的，是很肥的、宽大的、宽松的衣服，金鸿翔就想怎么样改良。那个时候的上海也已经很开放了，他看到国外很多友人的衣服凸显腰身，他就在这个上面动脑筋，现在的旗袍都是西式的裁法，跟刚刚开始的中式裁法已经完全没有关系了。只不过保留了领子立起来的旗袍样式，别的裁剪全部都是变成西式的，袖子都是装上去的，以前都是连着的，现在都收腰身了，是把胸和腰等女性的曲线全部做出来。金鸿翔不断地学习，在国内，中式、西式和皮革他已经都学了，但是他认为还不够。大上海那个时候有夜总会，有娱乐场所，或者是有活动，他看到有很多服装我们这边没有看见，他就要学，所以他就要到国外，通过关系到国外去订服装类的杂志，然后回来自己研究，还聘请了绘画的人、设计的人一起讨论研究，设计出他自己的作品。

 金泰康（金鸿翔之子）：旗袍的传统端庄与西式立体裁剪的曲线美，紧紧抓住了时髦女性的心理。在年年都翻新花样的上海女装界，鸿翔中西合璧的改良旗袍、领子和开衩的高低、袖子和下摆的长短，几乎随时都在变化。鸿翔还大胆起用了中国纺织界的最新研究成果来做旗袍料子，不管是丝绸、锦缎还是薄质呢绒，无所不能成衣，无所不能改良。面对喜新厌旧的顾客和虎视眈眈的竞争对手，鸿翔必须掌握主动，成为时尚的引领者。为了这可贵的领先一步，鸿翔还花重金邀请著名画家设计新款服装。这种在当时的中国裁缝里面是很少的，好像是和外国人一样，可以画衣服样式，而且画出样式，印刷出样本，在门市上发给客人，让客人参考。

热闹了十多年的旗袍生意，让鸿翔有了安身立命的根本。只是一件再高档的旗袍，又能赚多少呢？面对其他服装店的各显神通，鸿翔必须寻找新的盈利模式。那段时间鸿翔着迷于街头调查，梦想着有一天也能拥有自己的玻璃橱窗。鸿翔观察街头的时髦服装，在充满机会和竞争的上海服装界，苦苦思考着自己的定位。在俄罗斯做过大衣的金鸿翔，开始尝试着打造这样的概念：在上海阴冷的冬天，太太小姐的鸿翔旗袍外面，应该有一件皮草相衬。

好莱坞最红的华裔明星黄柳霜访问上海时，上海人发现，大明星的装扮也就是旗袍加皮草。当黄柳霜也被邀请到鸿翔去做了一件旗袍之后，金鸿翔知道自己这一次又成功了。

 王谷善（上海鸿翔百货副总经理）：鸿翔在当时的年代里面应该是属于女装品牌里面数一数二的品牌，基本上针对的都是社会名流、电影明星，或者有一定身份的，所以当时鸿翔的衣服质地非常好，款式也非常新颖，售价并不低，只要凭着鸿翔LOGO的商标，这个衣服到当铺里面就可以多当一些钱。他用了一个提成制，和我们营业员的收入直接挂钩，因为当时鸿翔的衣服，一些优质貂皮大衣、羊绒大衣的售价还是很贵的，营业员通过提成制变得积极性更高，各自都发挥自己的所长，有一些人员去学外语，因为当时外国客人比较多，有语言障碍的话，单子就接不了，有一些钻研制作方面的技巧，介绍的时候会更加得心应手，也为鸿翔后来逐步壮大奠定了一个基础。

在一个以追求时尚为生活动力的城市，鸿翔找到了一种新的盈利模式，开始日进斗金。为了方便顾客，鸿翔把工场和裁缝师傅就安置在了店堂的后面，这种"前店后工场"的模式开了中国高级服装定制业的先河。

"一·二八"日本轰炸上海时，市面萧条，南京东路黄金地段，竟然有铺面房租不出去了，鸿翔知道机会终于来了。1932年，鸿翔东店开张营业，金鸿翔还是做时装本行，只是开始更多研究社会上流人士的喜好。

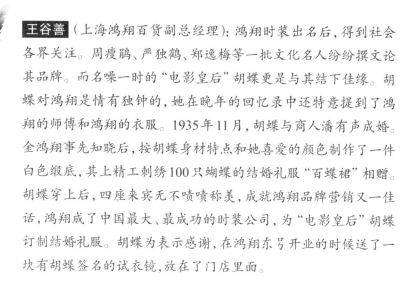

王谷善（上海鸿翔百货副总经理）：鸿翔时装出名后，得到社会各界关注。周瘦鹃、严独鹤、郑逸梅等一批文化名人纷纷撰文论其品牌。而名噪一时的"电影皇后"胡蝶更是与其结下佳缘。胡蝶对鸿翔是情有独钟的，她在晚年的回忆录中还特意提到了鸿翔的师傅和鸿翔的衣服。1935年11月，胡蝶与商人潘有声成婚。金鸿翔事先知晓后，按胡蝶身材特点和她喜爱的颜色制作了一件白色缎底，其上精工刺绣100只蝴蝶的结婚礼服"百蝶裙"相赠。胡蝶穿上后，四座来宾无不啧啧称美，成就鸿翔品牌营销又一佳话，鸿翔成了中国最大、最成功的时装公司，为"电影皇后"胡蝶订制结婚礼服。胡蝶为表示感谢，在鸿翔东号开业的时候送了一块有胡蝶签名的试衣镜，放在了门店里面。

鸿翔时装的视野不仅在国内。金鸿翔还曾在伊丽莎白二世大婚时赠送了一件大红绣金线短袄和一条绣金线百褶裙，让人兴奋不已的是,送出去的礼物得到了回应,白金汉宫寄来了女王亲笔签名的答谢信。这封回信的高规格不仅给鸿翔时装镀了金,也让鸿翔时装稳稳博得了"女服之王"的美称。鸿翔时装利用这个机会把这件礼服的仿制品,包括女王的回信放在橱窗里面进行展示,当时外国人,特别是英国人看了纷纷到鸿翔定做,这时候鸿翔时装的名字进一步被更多的人知道。

冯金牛(上海图书馆):鸿翔很重视广告效应,为了这个广告效应动了很多脑筋。首先注重橱窗的布置,这个是跟西方百货公司学的,当时店面不大,也只有两三个门面,只有一两个橱窗,但是鸿翔很注重橱窗的布置,专门请了一个犹太的橱窗设计师来布置橱窗,据说每星期都要翻新一下,每一次都要花十钱大洋请犹太橱窗设计师,这样时翻时新,就吸引了眼球。其次,鸿翔组建了时装表演队,这个时装表演队经常会穿着设计好的时装,进行流动性的表演,也是为了扩大它的影响。

1946年,上海小姐选美轰动了整个上海滩。当所有人都在津津乐道着上海小姐摩登时髦的时候,鸿翔时装又完成了一次漂亮的展示和推广。鸿翔时装几乎提供了所有的服装,上海小姐的选美无疑成了鸿翔时装独家的服装表演。就这样一个不断推陈出新、艺高胆大的小裁缝,在上海书写着自己的传奇,鸿翔时装成了一个高级女装品牌。

虽然历经租界、汪伪政府和国民党时期,鸿翔时装坚持着自己的定位,坚守着自己的高端客户群,竟然奇迹般地屹立不倒。

王谷善(上海鸿翔百货副总经理):金鸿翔先生认为只有不断的创新才能够使自己的企业充满活力,所以后来鸿翔成立一个鸿社,鸿社主要的作用是提供一个场所,给鸿翔子弟一个机会,能够使他们有机会坐在一起相互交流、学习和总结,后来鸿翔的鸿社人越来越多,有一些已经离开鸿翔了,是另立门户的师傅们,其实鸿翔也是非常的自信和大度,同样是欢迎他们再回到鸿社来和鸿翔一起交流学习鸿翔新的款式。后来南京西路上很多店其实都是鸿翔的子弟们去开的，鸿翔也随之越做越大。

当年在上海滩，像鸿翔这样的专业零售商店还有很多，它们凭借专业程度更高的优势，吸引了一批特定的顾客，在与百货公司的竞争中占有一席之地。

（二）茶叶大王，百年老店——汪裕泰茶庄（1851年）

汪裕泰，即汪裕泰茶庄，始创于清咸丰年间，创始人为著名徽商汪立政。据资料载，清道光十九年（1839年），祖籍徽州绩溪、年仅12岁的汪立政走出家门，随族人赴开发不久的上海滩从艺学商。咸丰元年（1851年）始做茶叶小本生意，其后经祖孙三代近120年的努力，先后在上海、杭州、苏州等地创办茶庄、茶行、茶栈20余家，其中以上海的汪裕泰茶庄最为著名。汪裕泰茶庄在上海共有七家分号，其中第三茶号为汪立政的儿子汪惕予于1869年所创。

创始人汪立政到上海后，习商诚恳，恪尽职守，备受店主信任，后被委以出纳重任。咸丰元年（1851年），汪立政有了一些积蓄，开始做茶叶小本生意，又在父亲的支持下，变卖了老家的部分祖传田地遗产，于上海旧城老北门（今河南路）开设了汪氏的第一家茶叶店，冠名为汪裕泰茶庄（南号）。

经过祖孙三代人百余年的努力，汪裕泰先后在上海等地开设了茶庄、

图2-38　汪裕泰第一家茶馆

图2-39　汪裕泰茶叶英文广告包装

茶行、茶栈20余家,汪裕泰逐渐发展为民国时期上海最大的茶叶店。汪裕泰的第一家茶叶店前店后场,以经营杭州龙井、旗枪茶闻名。经营规模最大的时候,汪裕泰旗下有200多人,下设3家工厂,还买了2部卡车运送茶叶,除了上海,在苏州、杭州、台北甚至在美国都有分号。汪裕泰茶庄虽然是老字号,做的又是中国茶,但一直有洋气的一面。上海茶叶公司后来成为汪裕泰茶庄的品牌所有者,当年的茶叶老包装上还印有英文广告。

　　要在上海滩做出"茶叶大王"的名号,其经营之道必有独到之处。汪立政在茶叶的采购、加工、拣选、包装和保藏等方面都有一套严格管

图2-40　汪裕泰鹤牌红茶

图2-41　汪裕泰金叶牌茶叶

图2-42　汪裕泰金叶牌上等茶叶

图2-43　汪裕泰第四号茶庄

理的办法。每年派人进山采购，进货期限从清明前开始，到立夏后的四五天结束，逾期不收，以确保茶叶品质。对茶叶的加工炒制，讲究火候，一丝不苟。加工后的茶叶，要达到茶形平整，色泽青翠，香气清郁，茶味醇厚。

　　跟许多在外经商的徽人一样，汪立政精于筹划，知人善任，不惜重金雇聘技艺超群的茶工，以名贵花卉窨制南北名茶10余种。其茶叶不仅香味纯正，且茶汁厚浓，备受顾客的青睐，店业渐盛。咸丰六年（1856年），又筹集资金，于五马路（今广东路）开设汪氏的第二家茶叶店——汪裕泰茶庄（北号）。

图2-44　1915年汪裕泰茶号龙井茶在巴拿马万国博览会上获奖

图2-45　1916年汪裕泰龙井茶获得当时农商部奖状

图2-46　1930年汪裕泰在比利
　　　　时独立100周年纪念
　　　　博览会上获奖

图2-47　1941年汪裕泰龙井茶等产品获上海总
　　　　商会最优等奖

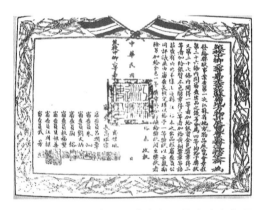

图2-48　民国时期汪裕泰参加江苏省地方物品
　　　　展览会

　　此后，由于经营得法，两家茶号生意日渐兴隆。汪立政于清光绪二十一年（1895年）病故。汪裕泰品牌传承一个半世纪，以至真、至纯、开放的不凡意趣享誉国内外。

　　在汪裕泰的百年历史中，多次在国内外获奖的事迹让后人骄傲。这些荣耀变成了一幅幅宣传图，挂在了位于大连路的汪裕泰茶社里。

　　1894年，慈禧太后六十大寿，汪裕泰茶号精心选制的"金山时雨"入贡，让其名声大噪。这款来自安徽的绿茶香型独特，相比西湖龙井、东山碧螺春等可谓小众茶，却在汪裕泰的打造下成为贡品。

　　1915年，汪裕泰茶庄龙井茶在巴拿马万国博览会被评为金奖，这是博览会上首次出现品牌名称的获奖产品。1926年，汪裕泰送选"金山时雨"，又在美国费城世博会上获得甲等大奖。

2016年9月，西湖边上的西子国宾馆吸引了全球目光，这座如诗如画的古典园林承接G20峰会，留下了各国元首的身影。杭州本地人习惯称西子国宾馆为"汪庄"，因为其前身正是汪裕泰茶庄在1929年建成的"青白山庄"。庄内设有汪裕泰茶庄门市部，供应西湖龙井名茶，并辟有试茗室，陈列各种古色古香的名贵茶具，供游人品评茶叶。

如今的汪裕泰茶社已经成为各界人士以茶会友的地方，除了斗茶的品茗会，冥想沙龙、书画沙龙、茶具欣赏等都会在这里举办，颇有曲水流觞、知己汇聚之感。既能在线上轻盈起舞，借互联网之势扩张，又能在线下以茶为媒，担起茶文化传播的重任，汪裕泰的复兴之路稳步拓展，前路可期。

五、重要商业街道的发展

（一）租界内商业街的崛起

1849年4月6日，上海在压力之下开设法租界。淮海路开通于1901年，最初叫宝昌路，1915年更名为霞飞路。霞飞路是以法国著名将军——霞飞命名。巴黎有香榭丽舍大道，纽约有第五大道，当时的霞飞路和这些大街齐名。

相比重视商业发展的英租界，法租界更注重侨民的居住氛围，因此在规划伊始就是一个功能健全的街区。以法租界内的思南路街区为例，孩子就学可以到附近的震旦大学；就医问诊，则有不远处的广慈医院；想看电影，可以去国泰大戏院；闲来无事，可以去法国公园散散步。霞飞路则是最理想的购物之处。

 汪亮（上海市流通经济研究所）：南京路体现的是繁荣、繁华，汇聚着国际一流的商品，零售业态丰满；而淮海路作为一条租界内的商业街慢慢地崛起，走的是一条高雅、典雅的发展路线，所以特色的专卖商店比较集中。

20世纪二三十年代，长约4千米的霞飞路已经是外侨和华人心中最繁华、最有情趣的一条商业街。清晨，晨曦透过法国梧桐茂密的枝叶洒向地面，铛铛作响的有轨电车驶上笔直宽阔的马路，临街而设的各色洋店铺渐次开门，有高档服装店、化妆品店，以及咖啡吧、酒吧和西餐

图2-49　民国时期南京路上的双层巴士与电轨

图2-50　1930年代上海南京路俯瞰

馆。其中,欧罗巴皮鞋公司是上海最早的皮鞋店之一,西比利亚皮货行
是上海最大的俄侨商店。

冯金牛(上海图书馆):俄国十月革命之后,一批俄国的贵族流落
到上海,这批人很多定居在法租界。俄侨进入法租界,继而又进入
淮海路,对淮海路的发展带来很大的影响。他们经营的商店以贵

族的经营方式为主,因为跑出来的白俄都是贵族,他们不是以做买卖、赚钱为最主要目的,而是为了保持他们的贵族生活方式来开店的,所以经营的商店都以珠宝店、皮货店、毛皮店为主,珠宝皮货都是贵族生活所必需的。另外,还开了很多咖啡店。为了休闲消费,甚至还销售土耳其玉石,这也是一种追求高档的消费生活方式。

在俄侨带动下,各国商人纷至沓来,主要有英国、法国、德国、意大利、日本、捷克等国商人。1930年东北商人和山东商人跟随俄侨也进入法租界。

 熊月之(上海社会科学院历史所):霞飞路那边有很多公寓是俄国人和中国人混处在一起的,开的咖啡馆、西餐馆、珠宝店、理发店等也都混处在一起,欧洲的文化自然地传播到中国人当中,所以整个霞飞路荡漾着欧洲文化的风情。

(二)百货公司发展的黄金时代

如今的淮海中路,是上海人心中最有腔调的购物天堂。这里有高

图2-51　民国时期上海河南路

大上的环贸IAPM商场、充满艺术气息的K11，也有哈尔滨食品厂的蝴蝶酥、光明邨大酒店的鲜肉月饼，在逢年过节时的排队热度，完全不输那些网红店。最时髦与最复古，在一条街上可以完美融合，老上海和小年轻，都能在这里找到归属。

总而言之，20世纪30年代的上海，无疑是全国乃至远东最繁华的大都市。这个阶段是上海零售业发展的黄金时代，也是上海零售业加速前进的时期。其中，大型百货公司在上海零售业发展过程中发挥了重要的作用。

大型百货公司体现着近代商业的风格，其显著特征之一是拥有大型、豪华的商业大楼。商场豪华气派，商品琳琅满目地陈列，并有专门人员负责销售。顾客们一边悠闲地散步，一边考虑想要购买的商品。百货公司的顾客，以外国人和中国人富裕阶层以及新兴的资本家、都市中产阶级为主，这些高端顾客的消费水平极大促进了大型百货公司的发展和上海消费文化的形成。

百货公司的另一个显著特征是具有多样性的都市机能，即将满足人们社会需求的购物、餐饮、住宿、娱乐等都市生活的重要机能都集中在一个商业设施内。无论是服务和娱乐，都能够被商品化，百货公司具有将以上各种需求商业化的可能性。上海百货公司由原来购物时闲逛的场所，变成了大众娱乐的殿堂。例如，京剧和话剧可以在此上演，电影也可以在这里交替上映，充分满足都市人的文化生活需求。在这样的经济环境下，上海的百货公司凭借其资本力量，针对市场需求开始了商业化运作。这种新的百货零售模式，在整个民国时期驱动着上海零售业的发展，成为推动摩登上海发展的巨大动力。

新中国成立后，上海的零售业进入一个特殊的历史阶段。

第三章

破旧立新

（1949—1990年） >>>

引　子

　　1953年9月28日，上海南京东路、西藏路路口，全新的国营第一百货商店宣布开业，这里曾是大新百货公司，现在是新中国成立后建立的第一家百货零售商店。从国营第一百货商店开始，国营商店如雨后春笋般开满上海各地。由此，上海零售业进入了长达四十年的国营时期。

一、国民经济恢复时期
（1949—1952年）

（一）国营商业体制的确立

1949年5月27日，历经多年战争苦难的上海人民走上街头热情地迎接进城的中国人民解放军，期盼着新时代的到来。刚刚建立人民政权的上海，千疮百孔、百废待兴。过去在国民党政府统治下"工不如商，商不如囤，囤不如投机倒把"的问题依旧严重。市场物资极其匮乏，不法商人趁机哄抬物价，市民生活受到了严重的影响。在这样混乱的局面之下，为了恢复经济发展，以零售业、批发业为主要构成的社会主义商业的建立势在必行。由此，上海进入了国民经济恢复时期。

新中国成立初期，在中共上海市委、市军管会和人民政府的领导下，通过"双管齐下"的方式，迅速确立了社会主义国营商业基础。一方面，人民政权接管了原国民党政府控制的商业组织，没收了官僚垄断资本；另一方面，着手设立国营商业企业，如上海市贸易公司、上海市日用品公司等国营公司，均在1949年这一年里相继成立。这些国营商业从进入市场之初，就担负起"辅助生产、发展经济、稳定物价、保障供应"的重任。

1949年6月至1950年2月，上海先后经历了四次物价飞涨风潮，国家采取政治、经济、法律等多重手段，打击投机，平抑物价，国营零售业在其中发挥了重要作用。从1950年3月起，为了从根本上扭转通货膨胀的局面，国家贯彻执行统一的财政经济政策。上海的百货、粮食、医药等国营商业全部划归国家统一管理,改为全国总公司设在上海的华东区公司,从此,高度集中统一的国营商业管理体制形成。

但是,随之而来的问题是,国营经济与资本主义经济之间的限制和反限制的斗争变得愈发尖锐。一些资本家力图摆脱国家限制,从事违法的经济活动,攫取非法利润。于是,从1951年12月起到1952年7月,国家先后开展"三反"(反贪污、反浪费、反官僚主义)"五反"(反偷工减料、反盗骗国家财产、反盗窃国家经济情报、反偷税漏税和反行贿)运动,大力打击资本主义的抬头,为后续计划经济的实施扫除障碍。"五反"运动后,上海的公私经营结构发生了重大变化,即国营商业占据了主导地位,而私营商业销售低迷。在这种情况下,1952年11月,中央又实施了第二次商业调整。此次调整是在确保国营商业领导地位的前提下,调动私营商业的经营积极性,促进商品流通。

总之,新中国成立之后的前三年,在上海商业结构发生重大变化的过程中,国营商业逐步确立了市场的领导地位,成了关系到国计民生的重要商品的批发阵地。相比之下,私营商业的市场地位虽然被弱化,但仍得到国家一定程度的扶持,也为经济的恢复发挥了相应的作用。

(二) 国营第一百货商店的诞生

1949年10月20日,国营上海市日用品公司门市部在上海市南京东路627号(新永安大厦底层)正式开业。这是人民政权在接管上海五个月后,开设的第一家国营商店,也是国营第一百货商店的前身。该店面积达1 095平方米,经营品种广泛,涵盖绸缎、棉布、五金、搪瓷、食品、药品、日用百货以及南北货等,一共22大类商品。货源从国营、合营和私营工厂采购,门市价格一律按照零售价供应。同时,对机关、学校等团体机构提供批发和代办业务。作为当时唯一一家国营商店,上海市日用品公司保证了上海市民吃、穿、用等最基本的生活供应,打击了趁乱囤货、哄抬物价的投机商,受到了广大市民的热烈欢迎。

1950年5月,中央对上海市日用品公司进行了改组。改组后,分别成立了国营中国百货公司的华东区公司和上海市公司两个机构。前者主要负责全国各地百货商品的采购和调拨;后者负责上海市的百货零售与批发业务。在国民经济恢复时期,国营中国百货公司主要采取批发为主、零售为辅的方针,特别是负责全国批发业务的华东区公司,迅速帮助国家控制了百货商品流通领域的命脉,从而对稳定市场、安定人心起到了重要的作用,赢得了人民群众的信任和喜爱,甚至连当时的陈毅市长都亲切地称为"我们自己的商店"。

不久,上海市日用品公司正式定名为国营第一百货商店(简称"第一百货"或"市百一店")。1953年9月28日,第一百货迁入南京东路830号原大新公司百货大楼,正式开业。从开业以来,第一百货就采取了一系列创新举措:营业员胸前挂工号牌;商品明码标价;设立顾客留言簿,听取顾客意见。这些做法都充分体现出国营商店为人民服务的新风尚。第一百货还率先提出"主动、热情、耐心、周到"八字服务标准,之后在全上海商业系统中被普遍推广,成为新中国零售行业中的标杆与典范,也赢得了老百姓的美誉和口碑。

图3-1 1953年9月,国营第一百货商店迁入大新大楼,成为当时全国最大的百货商店

马导农(国营第一百货商店创立时的第一批员工,后来升任该店副经理):国营一百开业当天人山人海,十点开门,人像潮水一样

涌进来，连柜台都被挤到往后退了，生意好得不得了。第一天营业额相当于南京路四大百货公司（永安、先施、新新、大新）总销售额的60%。尽管当时的工作非常辛苦，但是大家都毫无怨言，因为有种强烈的翻身感。

（三）供销合作社的创立

1949年新中国成立后，为了辅助国营贸易，活跃城乡物资流通，供销合作社作为恢复经济的新抓手，迅速筹备并建立起来。供销合作社是由城乡劳动人民按照合作社形式组成的集体所有制经济组织，是城乡物资流通的主要渠道，也是国营经济的重要组成部分。其主要作用是，跨越城乡，连接工农，将物美价廉的生活必需品及时供应给广大社员，保障大众的基本生活。至1950年底，仅花费一年左右的时间，上海市人民政府就按照行政区划设立了9个郊区供销合作社、23个市区消费合作社，并开设了各类合作门市部183个，为人民生活提供了很大方便。

例如，1951年10月，华东供销合作社和上海市供销合作社联合开设的水果经营部，采用联购分销的方式，为当时的上海市场供应了许多品种丰富的新鲜水果，也解决了产地水果大量积压的问题，既增加了果农的收入，也满足了消费需求。此外，1951年新开业的华东合作总社土产经营部，一边组织大批土特产进城，一边输送工业品下乡，成为连接城乡物资流通的中间桥梁。另外，上海市供销合作社承担了国营企业不经营的废旧物资回收和农业生产资料的经营业务。总之，这些供销合作社，在国民经济恢复时期，主动服务大众，为稳定物价、抑制投机、活跃城乡经济作出了积极贡献。

（四）旧社会时期的大型百货公司及私营商业退出

随着新时代的到来，曾经以全球购闻名上海滩的环球百货公司，由于其服务对象由旧社会的洋人、资本家、买办等有钱阶层转向广大劳动人民，因此，其原来高档奢华的服务定位已经无法适应新时代劳动人民的消费需求。再加之公私矛盾和劳资冲突的激化，多数资本家经营的积极性不高，导致经营管理不善。所以，新中国成立后以四大百货为主的环球百货业陷入了集体经营不振的状态，歇业、转业甚至停业的公司层出不穷。据调查显示，1949年新中国成立之初，包括永安、先施、新新、大新四大百货在内，上海一共有12家环球百货公司存续下来，但截至1954年底，仅有永安公司一家尚勉强维持经营，其余11家都相继退出市场，从此，四大百货公司成了只可追忆的历史。

在这一时期，经营不振不仅是大型百货公司的局部问题，实质上反映出包括小百货、私营华洋杂货批发商等在内的私营商业整体都面临着全局性的经营困难。尽管在1953年以前，中央曾先后两次进行商业调整，在短时间内对私营商业产生了一些积极的刺激。但是，由于这些私营性质的商业组织，均是从旧社会经济制度中被动地被推上社会主义经济体制的轨道，其陈旧的经营理念及经营方式已不合时宜，自身暴露出来的问题越来越严重，甚至从事诸多非法牟利的活动，最终导致国家决定对私营商业出手，进行更为彻底的社会主义改造。

二、社会主义改造时期
（1953—1957年）

（一）社会主义改造的贯彻实施

从1953年开始，国家进入计划经济建设时期，重点对生产资料所有制进行社会主义改造。上海国营商业在党的过渡时期总路线的指引下，通过第一个五年计划（简称"一五"计划）的实施，积极贯彻对资本主义工商业的社会主义改造，形成了以国营商业和合作社为主体的社会主义统一市场。

1953年是"一五"计划的第一年。1953年上半年，由于基建规模扩大、农业丰收等利好因素，促使市场回暖，许多商品供不应求。此时，上海国营商业积极响应国家要求减少商品库存的"泻肚子"号召，放松了对货源的管控。这些因素都使得资本主义经济有所抬头，私营商业借机囤积居奇，牟取高利。在这种情况下，市场出现了"公退私进"的反常现象，导致计划经济建设严重受阻。于是，从1953年下半年起，以限制和改造私营商业为出发点，国营商业统一负责上海全市商品的加工订货。并于1953年10月起，根据中央统一部署，上海市先后对粮、油、棉、布等重要商品实行统购统销，进一步加强对资本主义工商业的限制，此后，主要商品货源都由国营商业把控，私营商业活动范围大大缩小，商品流通被纳入国家计划。

1953年10月，上海国营商业为贯彻党的过渡时期总路线，按照党对资本主义商业利用、限制、改造的政策，根据不同类型的私营商业，采取不同的方针和政策，逐步将私人资本主义引入国家资本主义的轨道上。一方面，针对私营批发商的改造，通过以社会主义批发商逐步替代的方式得以实现；另一方面，针对私营零售业，采取全面公私合营的方式进行改造。与此同时，对小商、小贩的改造则是引导其加入合作化行列中去。

通过实施上述措施，1956年上海商业基本完成了对资本主义商业的改造，社会主义公有制替代了私有制，确立了以国营商业为主，多种经济成分并存的社会主义统一市场。此时，上海商业面貌焕然一新，为人民服务的经营风气犹如一缕春风吹遍开来。1957年，上海全面完成"一五"计划，社会经济面貌发生了深刻的变化。这一年，上海社会商品零售总额中，国营商业占比26.4%，合营商业占比69.9%，集体商业占比1.2%，个体商业占比2.5%。这种市场结构对于当时活跃经济、稳定物价发挥了积极的作用。1957年，全上海市社会商品零售总额为23.8亿元，比1952年增长40.6%。上海商业在社会主义改造时期在扩大商品流通、满足市场供应方面成效显著。

（二）对永安百货的公私合营改造

对上海环球百货业的社会主义改造，主要是对永安公司的独家改造。因为如前所述，在公私合营前夕，环球百货业中仅有永安存续下来且维持经营。1953年上半年，受国营商业压缩库存的影响，市民购买转向私营商业，永安公司的经营状况一时好转。但是，进入下半年后，随着国营商业不断加强货源控制，市场流动购买力减弱，永安公司的业务经营再次陷入困境。尤其是，过渡时期总路线明确之后，大部分进货渠道都转向国营公司，由于进货必须采用现款交易致使流动资金锐减且花色品种无法任意挑选，再加之洋百货的市场定位也已经不合时宜等原因，导致永安百货的市场竞争力大不如前。1954年，永安公司上半年营业额同比下降52.43%，企业经营举步维艰。

在这种情况下，1954年11月，国家对永安公司实行了初步改造，分别从内部和外部着手。外部方面，要求永安公司与国营企业签订部

图3-2　1955年永安百货成为第一家公私合营的百货公司

商品批购合约,并按照合约计划选购包销的商品,同时设立产品代销专柜;内部方面,针对企业内部问题,促其改革。改革重点有两点:一是结束多余的附属业务,如舞厅、酒楼等,因为这些已不符合劳动人民的需要;二是将其工资水平逐渐降低到接近国营商业工资水平。这样改造的目的是减少企业的开支和亏损。通过初步改造,永安公司取得了一定的成绩。但是,由于企业性质没有根本改变,很多关键问题仍然无法解决,尤其是企业长期亏损、内部经营混乱等问题一直持续,因此,必须采取更有效的方式进行彻底的改造。

1954年以后,随着公私合营的逐步推广和深化,在政府对资本主义工商业的和平改造赎买政策的感召下,永安公司于全行业大合营前夕——1955年11月21日提出了公私合营申请,并获得批准。合营之后,永安公司重新明确了内部责任分工,制定了社会主义下的新的企业规章管理制度,解决了以往职责不明、权力过度集中等问题,而且在货源及货款上都得到了国家的大力支持,所以,从1956年起,永安公司的业务经营逐年好转,出现了连年盈余的新局面。在政府的领导下,公私合营后的永安公司又历经了十余年的发展,于1969年正式更名为上海国营第十百货商店。

（三）对小百货业的公私合营改造

社会主义改造时期，小百货作为私营商业的一部分也是重点改造对象。由于小百货业在新中国成立前后盲目发展，具有户数过多、夫妻店多、小摊贩多的特点，相互间形成了恶性竞争。而且，这些店铺大多集中在南京路、淮海路及四川北路等以往租界热闹地段，但在劳动人民居住地的网点稀少。因此，新中国成立后网点布局不合理的问题明显暴露出来。据不完全统计，1954年在黄浦、卢湾、虹口等中心区的小百货户数占全业比重45.59%，其中黄浦区户数占14.64%，几乎可以用"三步一店"来形容。除此之外，由于小百货本身资金少，流动资金更少，再加之国营商业扩大加工订货后，小百货业无法再像以前一样采用期票和赊购的方法从私营工厂订货，所以经营一直困难，1953年后全业处于长期亏损的状态。在这种局面下，1955年末，上海市加大了对小百货业改组改造的力度。

1956年初，公私合营进入高潮阶段。上海全市小百货业的资本家商店一共970家，全部加入了公私合营行列，依照国家赎买政策，对企业资产进行清理估价。其中，对大部分商店实行清产定股，国家根据私股股额发给私股股东以固定利率的股息。而对一部分夫妻店或者一个职工的小型户实行现款代销，不进行清产定股。同时，在人事安排上，对私方员工采取"量才使用，适当照顾"的原则，对一般基层商店采取"基本不动，个别调整"的方针。此外，针对全市749户小商小贩，也采取和资本家商店大体相同的改造方式。但稍有不同的是，对网点过剩地区的小商店进行了撤店，之后安排其从业人员调入公私合营商店工作。另外，还有大批小商贩在整理整顿的基础上，陆续转变为"分散经营，共负盈亏"的合作小组形式。

在公私合营改造之后，由于企业所有制发生了根本性变化，从原来的私有制转变为全民所有制，上海百货业整体发生了脱胎换骨的转变。不仅是外表上旧貌换新颜，还注重企业内部经营方式的革新，树立为人民服务的工作作风，建立健全各项管理规章制度，从而促使很多企业扭亏为盈，结束了长期亏损的局面。这也从根本上意味着，私营百货业走完了自身长期曲折的历史道路,正式作为社会主义商业构成的一个重要部分,迈入了全新的历史阶段。

(四)中央商场——上海家喻户晓的淘宝地

社会主义改造时期,上海有一个家喻户晓的小商品市场——中央商场。其实,中央商场的原址是地处九江路、四川路路口一条不起眼的小弄堂,名叫"中央弄"。从1930年代开始,很多小商小贩就聚集在此摆摊设点,直到1945年第二次世界大战结束后,这里突然火爆起来。因为当时黄浦江上停靠了很多美国兵舰,船上的美

图3-3　1940年代美国大兵在黄浦江岸边买卖商品

国大兵会经常到岸上来卖点小东西以换取钱财,生意非常火爆。于是,1948年在中央路16号开设新康联合商场,99个柜台以每个5两黄金顶费(押金)租给商贩,形成了固定的室内市场。上海市民习惯于把新康联合商场连同马路上的摊点统称为"中央商场"或"中央市场"。

新中国成立后,1953年中央路、新康路分别改名为"沙市一路"和"沙市二路",中央弄则成为九江路100弄。进入社会主义改造时期,中央商场在经过公私合营之后,陆续成立了五金、日用品、百货、小商品、自行车、电讯、修配等7个部门,成为上海家喻户晓的淘宝场和修配地。那时候,由于工厂的生产工艺相对落后,致使一些产品外观上有瑕疵,但是质量与正品差不多,上海人把这些产品称为"处理品"或"等外品"。中央商场的经营特色就是销售这些等外品,尤其是在一般商店要凭票供应的商品,在中央商场可以用很实惠的价格买到。那个年代的上海老百姓,过日子就是图个经济实惠,外观上的小毛病,并不影响内在质量和使用价值,所以在中央商场常常会出现排队抢购的

图3-4　新中国成立后中央商场里设有各种维修部

情景。很多上海人印象最深的是当时买"赤膊电池"的壮观景象。这种电池虽然没有包装,却电量充足,8分到1角钱一节,柜台经常被围得水泄不通,一天最多可以卖出1万节左右。

　　总之,那时候的中央商场就是一个小商品王国,五花八门的生活用品应有尽

图3-5　1958年《新民晚报》关于中央商场的报道

有。摊位沿街而设,虽然马路不长,但是想从这头挤到那头,不花点力气是不可能的。中央商场不但销售物美价廉的小商品,还供应很多半成品。老百姓买到零部件可以自己加工、装配,在价格上也更加经济、实惠,这也很符合上海人勤俭持家的生活方式。中央商场虽然比不上市百一店、永安公司那样的"购物天堂",但绝对是一个大众化的市场,几十年来伴随上海人经历了从物资稀缺到富足的岁月,见证了一个时代上海人生活的变迁。

1972年2月21日，美国总统尼克松首次访华，尼克松"破冰之旅"的最后一站就是上海，并在上海签署了《中美上海联合公报》。当时很多尼克松总统的随行人员都来到中央商场逛街购物。1987年2月，美国导演斯皮尔伯格的电影《太阳帝国》在上海拍摄。这部新中国成立

图3-6　熙熙攘攘的中央商场

图3-7　1990年代末中央商场生意渐趋清淡

后首次在中国拍摄的好莱坞大片的取景地之一就是中央商场。

改革开放后，随着社会财富的快速增长，人民的生活水平大幅提高，人们根深蒂固的"修旧利废"观念有所改变，中央商场的经营特色在岁月变迁中逐渐消磨。1990年代以来，中央商场生意日趋清淡。2005年，黄浦区对南京东路东段进行综合改造，中央商场停业谢客，维修部搬迁至天津路。2017年，中央商场旧址变身为以"商旅文生活秀"为特征、新型时尚的"外滩·中央"综合性体验购物中心，成为新的城市地标，焕发出新时代的生机。

三、国民经济调整时期
（1958—1965年）

（一）"大跃进"阻碍商业发展

随着社会主义改造的逐步完成，实行单一公有制的高度集中的计划经济体制逐步确立和巩固，国家推进工业化的步伐越来越快。1956年，在中央实施的"全国一盘棋"战略的统筹领导下，上海确定了"老工业基地"的战略定位。之后，上海先后三次进行了工业大改组，并随后进入1958年的全面建设社会主义时期，贯彻和执行第二个五年计划。1958年5月，中共八大二次会议提出"鼓足干劲，力争上游，多快好省地建设社会主义"的总路线，号召全党和全国人民在主要工业产品的产量上"超英赶美"。之后，全国迅速掀起了"大跃进"高潮，形成了全民大炼钢铁和人民公社化的热潮。

上海商业部门在当时"一马当先，万马奔腾"的形势下，积极支援工业生产跃进。但是，由于"大跃进"指导思想违背了经济发展的客观规律，存在急于求成的左倾错误，所以，当时上海零售业发展也遭受了严重影响，出现了失误。主要问题集中体现在：第一，盲目"大购大销"，片面追求数量，忽视质量；第二，急于将集体、个体商业过渡或升级为国营商业，导致流通渠道单一，商品流通受阻；第三，大量撤并零售网点，给人民生活造成极大不便；第四，取消城乡集市贸易，致使城乡间物资流通停滞。总之，在"大跃进"的三年里，国民经济构成的主要比例关系失调，市场供求不平衡问题严重，迫切需要纠偏和改正。

（二）商业经济调整

1961年，为了调整国民经济，中央提出了"调整、巩固、充实、提高"的八字方针，上海商业部门尽全力贯彻与执行。一方面，大力促进生产，稳定市场；另一方面，总结经验教训，纠正"左"的错误。当时为了稳定市场，采取了三项措施：其一，扩大凭票、凭证定量供应的商品范围，保证人民基本生活需要；其二，对糖果、糕点、烟酒等少数商品实行高价供应，增加资金回笼；其三，控制集团购买，优先供应居民需要。与此同时，在纠正错误基础上，上海商业部门也做出了一系列重要调整。如在改进工商关系方面，制定了工商产销计划衔接制度，尽力保证按需生产。同时，设立小商品批发市场，扩大看样选购的商品范围，力求促使商品适销对路，搞活小商品流通。在改善农商关系方面，既坚持统购、派购，又规定较合理的收购价格和赊留比例，用以调动农民产销积极性。并且，恢复了供销合作社和城乡集市贸易，在一定程度上疏通了城乡物资流通。另外，还扩充了零售网点，促使其发挥经营特色。并且，在商业企业内部推行经济核算制，强化经营管理。

从1959年起，上海商业部门针对之前撤并的零售商业网点，根据地区及消费特点，进行了合理的调整。例如，在南京东路、淮海中路、四川北路等原有的商业中心开设了具有较高消费水准的大中型综合商店和经营特色鲜明的专业商店；对体现历史文化特色的商场、商业街，如城隍庙小商品市场、中央商场和北京路五金街、福州路文化街、云南路小吃街等继续保持和发扬；对居民集中区重点安排粮油、副食品及日用杂货和菜场等商业网点；而且，为了防止任意撤并网点，还规定了网点分级管理权限。同时，服装、鞋帽、糕点等行业恢复"前店后厂"的经营特点，饮食、服务业等实行了分档经营。为鼓励恢复经营特色，1965年8月，上海市第一、第二商业局联合举办"商业经营移风易俗展览会"，对服装、鞋帽等款式、男女发型等，划分了"提倡""允许"等界限，鼓励创新社会主义商业经营特色，满足不同水平的消费需求。

（三）加强上海"老工业基地"建设

在国民经济调整时期，由于上海"老工业基地"的战略定位得到进一步的巩固和加强，所以以此为契机，上海开始由一座消费型城市变为生产型城市，各类产品开始从上海走向全国。当时，上海日用工业品80%需要面向全国供应，市场覆盖率很高，由此促进了上海制造业的长足发展，上海品牌也由此扬名，风靡全国。从凤凰牌、永久牌自行车，到钻石牌、宝石花牌手表，再到麦乳精、大白兔奶糖，上海品牌就是一块块"金字招牌"，成为一代中国人的时代记忆。

葛涛（上海社会科学院历史所）：当时，上海的自行车、照相机、手表、奶糖、被单，甚至上海牌人造革拎包都备受青睐。那个时候走南闯北拎着上海牌人造革包，包上印的是灰底白色图案的上海大厦，边上写着"上海"，派头不亚于现在拎一个LV。那个时候骑一辆永久牌自行车和现在开宝马的感觉差不多。至于上海电子产品，像无线电、凯歌之类的也很出名。所以，上海的工业发展大多是和民生联系在一起的。上海货、上海制造的口碑是经过20世纪五六十年代直至八十年代中期在全国确立起来的。

汪亮（上海市流通经济研究所）：那时人们都想要上海货，但是在票证年代，严格受到制度的约束，每个省都不是大流通，都是在计划体制内流通，所以要买到一件上海货非常不容易。有亲戚在外地的，只要年轻人要结婚了都会想方设法帮帮忙，帮他们搞一点票证，到上海来买东西，甚至是小东西，从搪瓷面盆、热水瓶到结婚的大白兔奶糖，都要上海货，都想到上海来买，很有面子。在婚礼场所能够摆上的全是上海商品的话，那挺有面子的，这是当年的一种特殊记忆。

家住上海杨浦区的曾优良先生，是一名糖纸收藏家。从20世纪50年代开始，他收集了各式各样的糖纸上千张。然而，在几十年的收藏生

涯中,他却对一种糖纸情有
独钟,那就是上海国产老品
牌大白兔奶糖的糖纸。像曾
先生一样,每个人的童年都
保留着一份对糖果的美好记
忆,而在几代上海人快乐的
记忆中,总少不了大白兔奶
糖的味道。

图3-8　1940年代爱皮西糖果厂自主研发的
　　　　ABC米老鼠糖

　　大白兔奶糖正式诞生于
1950年代初,是中国第一代国产糖果的代表。但是,很少有人知道,早
在新中国成立前上海已经出现了大白兔奶糖最初的身影。民国时期的
上海,被誉为远东第一大城市,许多舶来品都曾云集这里。1943年,一
种英国牛奶糖开始在永安公司独家销售,风靡上海滩,人们第一次品尝
到了奶糖的滋味。当时,上海爱皮西糖果厂的老板冯伯镛发现了其中
的商机,经过半年的研究,便仿制出自家的国产奶糖,取名为ABC米
老鼠糖。这种糖奶味浓郁,香味纯正,售价又比舶来品便宜,于是,一
上市就广受欢迎。不过,由于人工制作,产量不高,加上原料依靠进
口,ABC米老鼠糖当时只是有钱人家才吃得起的奢侈品。

　　直到1956年,随着全国工商业社会主义改造的逐步完成,爱皮西
糖果厂也收归国有,并改名为"爱民糖果厂"。米老鼠糖也换了新衣,
成了我们现在更为熟知的大白兔奶糖。那时,爱民糖果厂只有一条奶
糖生产线,产量仅800千克,远不能满足市场的需求。可即便如此,在

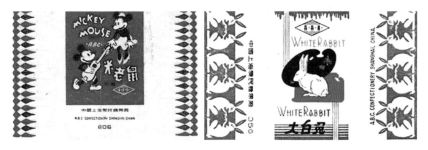

图3-9　1950年代公私合营后,由爱民糖果厂美术学徒王纯言设计了经典的大白
　　　　兔形象

图3-10   1960年代的大白兔奶糖广告

那个物资匮乏的年代,大白兔奶糖还是为糖果市场带来了新的活力。大白兔奶糖靠着出众的口感和丰富的营养,牢牢抓住了每一个人的心。那时,上海流行着这样一句话,7粒大白兔奶糖就能泡一杯牛奶。

1959年,中国人民迎来了新中国成立十周年庆典,各行各业纷纷拿出拳头产品庆贺祖国的生日。大白兔奶糖凭着优良的品质和口碑,成为国庆献礼产品,并由此闻名全国。短短几年后,这粒小小的大白兔奶糖竟然走出了国门。1972年1月,尼克松访华在即。美国派出黑格准将带着一支先遣队前往中国,为一个月后总统访华做准备。在宾馆为美国代表团准备的零食中,大白兔奶糖最受欢迎。

图3-11   计划经济时代市民游客排队抢购大白兔奶糖

宾馆的工作人员向上级汇报了这件事，随即便传入了周恩来总理的耳中，他连夜传达了毛主席的指示："美国人爱吃大白兔奶糖，那就给他们每人带十斤回国。"那晚，接到指示后，糖果厂的工人彻夜未眠加班加点，终于在第二天早晨将500多斤大白兔奶糖送到了黑格一行人手中。这些小小的糖果也将中国人民的友好愿望传递给了美国朋友。1972年2月，尼克松正式访华。周恩来总理又特别指示，再加紧生产一批大白兔奶糖，作为国礼送给尼克松一行。这段特殊经历，让大白兔奶糖在当年成为美国复活节上民众抢购的热门糖果，并由此远销海外。

但直到20世纪七八十年代，对于许多上海人来说，能吃到大白兔奶糖，仍然不是一件容易的事。计划经济时代，物资匮乏，普通家庭在过年时才买一些糖果让孩子们解解馋，而大白兔奶糖绝对是其中的高档货。上海也只有在少数几家国营商店才能买得到。逢年过节、结婚生子，各种喜庆的场合都少不了大白兔奶糖的身影。喜糖清单上，别的都好商量，唯独大白兔奶糖一定不能少。那个年代，大白兔奶糖见证了许多人的幸福时刻，成为一代国人的甜蜜回忆。

四、"文化大革命"时期
（1966—1976年）

（一）商业发展遭到破坏

1966年以前，上海商业经过调整，发展状况良好。但是，1966年5月"文化大革命"宣告开始，上海也随之进入了长达十年之久的动乱期，上海的商业发展遭到严重破坏。1966年6月，破"四旧"（旧思想、旧文化、旧风俗、旧习惯）运动，对上海商业工作冲击巨大，造成商业经营特色几近丧失，服务质量急剧下降。破"四旧"，不仅严重影响生产，还导致广大消费者的需求无法被满足，给人民生活带来极大不便。除此之外，"文革"期间的"大批判"运动，对商业企业的经营理念、管理制度及规范标准等都进行了全盘否定和批判，严重违背了经济管理的客观规律，造成商业企业经营状况混乱不堪。当时的商业网点还被大量撤并，再加之所有公私合营商业企业均被硬性改为全民所有制企业，城乡集贸市场也被全部取缔，导致流通渠道单一，生产和流通严重受阻。

"文革"十年，上海的零售业发展倒退明显。据有关统计显示，零售商业、饮食业、服务业网点由1965年的3.79万个减少到1978年的1.49万个，减少了39.3%；个体商业由3万多户减少到1.38万户。从整体上看，这种国营商业"独家经营"的单一渠道，根本无法满足当时求大于供的市场需求。当时，上海市在日用品和农副产品的供应方面都非常紧张。为了缓解供应的压力，上海商业部门的应对措施是：一方面，扩大凭票、凭证供应的商品品种；另一方面，适当减少对全国各地商品的供应。尽管如此，货源仍旧非常紧缺，很多商品供应不足，上海人民的生活十分艰苦。

（二）星火日夜商店坚持为人民服务

在"文革"时期的艰难环境中，上海的商店仍然坚持照常营业，坚持为人民服务。1968年9月26日，国营星火日夜（24小时）服务食品商店（简称"星火"）的招牌挂在了西藏中路627号的墙上，这是上海第一家24小时营业的商店，也是全国零售业界通宵营业的开山鼻祖，甚至比1996年7月落户上海的日本罗森便利店，早了整整28个年头。

图3-12　星火日夜商店挂牌

那么，在当时艰苦的环境中，"星火"24小时商店的概念是如何应运而生的呢？据"星火"第一代员工，也是后来"星火"的经理王裕熙先生回忆："星火"的前身叫益新，是一家茶叶店，店里也卖糖果、饼干等其他东西。当时，由于学习为工农兵服务，所以他们就去基层调研，结果发现每天半夜里店门口坐着很多农民，他们都是从郊区用黄鱼车送菜来的。然后，他们就想到应该为这些农民服务，应该把农民们请进店来休息一下喝口水。这样的话，就需要把门打开，而且白天要开，晚上也要开，于是，24小时商店就这样诞生了。

在那个"太阳三尺高，门板还关牢，太阳一落山，东西买不着"的年代，"星火"就像一件孤品，也是一件极品，对于上海市民而言更是久旱逢甘霖，为许多市民带来了购物方便。"星火"不仅销售食品，还卖火柴、蜡烛、牙膏、牙刷等生活必需的杂货。此外，它还承担了许多分外的事情，小到一份点心，大到生孩子送医院，急到一根保险丝，险到遇到坏人尾随，大家都会不由自主地想到"星火"。

1970年代，上海风靡一时的沪剧《雪夜春风》，就是取材于星火日夜食品商店的真实故事。据这个故事的原型人物之一——"星火"的经理王裕熙先生回忆："有一天，半夜1点多钟，有一个男同志急急忙忙赶来，他说小孩子在医院里量体温时，把体温表咬断了。医生说没有药可吃，要赶紧到外面买牛奶和鸡蛋，将蛋清混在一起生吞下去，可以裹掉水银。当时，自己听到后，立刻骑着三轮车到江宁路乳品二厂去寻找牛奶，甚至给对方老师傅跪下来，请求对方先自作主张给他两瓶牛奶。之后，他又赶去菜场，反复恳求值班人员先提供两个鸡蛋。最后，又送到小孩家人手中。"

在那个特殊的时代，"星火"像一颗太阳一样，照亮和温暖着上海市民的生活。只有你想不到，没有"星火"做不到的。麻雀虽小，五脏俱全，一个小小的食品商店，被"星火"的员工用心经营得有声有色，为人民服务的精神被"星火"贯彻得淋漓尽致。

"星火"开张半年后，《解放日报》业余通讯员邓复新发现了它的与众不同，并饱含深情地写下了《日夜商店的日日夜夜》一文，于1969年2月16日发表在《解放日报》上，让"星火"走进了更多人的视野，并轰动一时。1972年，在全国商业工作会议上，星火日夜商店的便民服务

图3-13   "星火"的灯光让人感到温暖

图3-14　1969年2月16日《解放日报》的专门报道让"星火"走进更多人的视野

精神得到了周恩来总理的高度赞扬。周总理说："星火要燎原，为工农兵服务很好，大城市要办，中小城市也要办。"于是，全国各地也纷纷效仿，一家家日夜服务商店如雨后春笋破土而出。

　　改革开放后，"星火"的经营业务更旺。店铺数从两开间到八开间，经营商品从240种拓宽到1 000余种，门店从一家到鼎盛时的八家，并在1992年成立星火日夜实业公司。2002年10月30日下午5点，"星火"因西藏路桥改建，结束了在西藏中路627号长达34年之久的营业，搬到路对面的西藏中路630号。不变的"星火"依然是深夜里那颗最亮的星。

五、改革开放时期
（1978—1990年）

（一）改革开放大力推动商业改革

　　1976年10月，"四人帮"被彻底粉碎,标志着"文化大革命"的终结,全国进入新的历史发展阶段。1978年12月,中国共产党十一届三中全会胜利召开,全面纠正"左"的错误,并将工作重点转移到经济建设上,这是新中国成立以来具有深远意义的伟大转折。在党的十一届三中全会精神的指引下,上海商业部门坚持以经济建设为中心,坚持四项基本原则,坚持改革开放,努力开拓前行,促使上海商业发展面貌焕然一新。

　　从1978年起,上海地区逐步取消日用工业品的统购包销、主要农副产品的统购派购制度,大幅减少指令性计划商品,扩大市场调节范围,积极刺激商品流通。在这种形势下,上海商业逐渐形成了以国营商业为主导,"三多一少"的流通格局,即多种经济形式、多种经营方式、多种流通渠道、少环节、开放式的流通体系。从上海社会商品零售总额来看,1989年与1980年相比,国营商业经营比重从63.9%下降为51.73%,集体商业从35.8%上升至38.25%（其中供销社商业占33.7%）,个体商业（包括集市贸易、小商品市场）从0.3%上升到9.52%。此时期,多种经济形式并存,取长补短,促进消费。

　　具体来看,这个时期国营零售商店打破了以往只能从当地工厂和批发部门进货的局限,利用多种渠道择优进货,自主经营。例如,有些商店直接选择与工厂、农村实现产销挂钩,减少中间流通环节,提高经营成效。与此同时，上海地区恢复和重建了供销合作社，由"官办"改为"民办"，即从全民所有制改为集体所有制，发挥经营自主性，促进城乡一体化商品流通格局的形成。

　　而且，为了搞活经营，很多零售企业开始着手经营管理方式的改革。第一阶段，1979—1983年，改革的重点是将企业经营的好坏与员工收入挂钩，推行责权利相结合，以此调动员工的经营积极性。第二阶段，1984—1986年，上海市开始扩大企业经营自主权。一部分国营大中型零售企业实行多种形式的内部经营承包责任制；一部分国营小型零售企业改为国家所有、集体经营；少数转变为集体所有或租赁。第三阶段，1987—1989年，开始推行企业所有权和经营权分离，零售企业内部经营机制得到进一步完善。1987年6月和1988年8月，上海先后批准了2家股份制试点零售企业，成立了豫园商场股份有限公司、上海新世界贸易股份有限公司。

　　另外，当时上海商业部门还积极开展内联外引，开拓外向型经济。1989年上海涉外商业企业达113家。1989年12月18日，上海首家肯德基在外滩东风饭店开业并引发了轰动，尽管其汉堡价格不菲，但人们争相排队品尝。当天《解放日报》《文汇报》和《新民晚报》都用整版刊

图3-15　1989年开业的上海首家肯德基店引发轰动

登了开业广告。当时的肯德基店牌非常接地气,上面写着"美国肯德基家乡鸡",引起了上海市民极大的关注。

20世纪80年代,随着改革开放的逐步深入,上海零售业不断努力适应人民生活水平日益提高的需要,整体上取得了良好的发展。这个时期,上海社会零售商品总额始终呈现持续增长的趋势,1989年达到352.79亿元,比1978年60.81亿元增长了580.15%,平均每年递增17.33%,市场上商品齐全,品种丰富,一改过去商品匮乏的状况。并且,上海零售企业始终以改善服务态度、提高服务质量为核心,努力践行社会主义物质文明和精神文明的建设,力争成为对内对外开放的国际性城市。

(二)"四街一场"的变迁与发展

1978年,改革开放赋予上海新的发展战略——由"重生产、轻生活"的工业城市转变为以经济发展为主的消费城市,上海商业逐渐回归正轨。1984年初,上海市提出重点规划发展"四街一场"(南京东路、淮海中路、西藏中路、四川北路以及豫园商场)和15个区级商业中心。纵观"四街一场"变迁发展的轨迹,可以真实而深刻地感受到新旧时代下上海零售业的风起云涌,特别是改革开放以来所发生的巨变。

1. 南京路商业街

(1)南京东路商业街

南京东路商业街,简称南京路商业街,被誉为"中华第一商业街"。东起外滩,西至成都路,全长2 528米。南京东路在20世纪二三十年代先后建成先施、永安、新新、大新四大百货公司以后,一直作为现代商业的代表领先于全国商业街,"十里洋场"的繁华名扬海内外。

新中国成立后,南京东路在保留昔日特色的同时,进行了全面调整,四大百货公司也分别被上海时装公司(原先施公司)、第十百货商店(原永安公司)、第一食品商店(原新新公司)、第一百货商店(原大新公司)取而代之。改革开放以来,经过不断的改造与发展,南京东路的变化日新月异。1984年5月,为了满足市民需要和拉动消费,南京东路商店全部恢复了夜市,"十点打烊"成了南京东路商业服务消费者的标志,也走在了全国的前列。至1987年,市级商业中心南京东路、南京西

图3-16 1930年代南京东路的繁华景象

路、淮海路、西藏中路和四川北路等五条主要马路共有773家商店开设了灯光夜市，营业时间均延长到晚上九点，改变了多年来晚上七八点商店打烊，马路一片漆黑的状况。

1980年代末，南京路上大店、名店、百年老店鳞次栉比，一共200余家。大店有第一百货、华联商厦、华侨商店、市食品一店等，名店有培罗蒙西服、恒源祥绒线、朋街女子服装商店等，百年老店有吴良材眼镜、亨达利钟表、老介福呢绒绸缎等。

坐落在南京东路上最大

图3-17 1984年5月南京东路商店全部开办夜市

图3-18　1980年代南京东路上的第一食品商店（前身是新新公司）

图3-19　国营第一百货商店在20世纪八九十年代连续14年蝉联"全国百货商店销售冠军"

的商店当数上海市第一百货商店（简称"第一百货"或"市百一店"），营业面积达2.1万平方米，从地下室到五楼设有7个商场，50个商品部，18个沿街商品陈列大橱窗，经营54个品类，3万多品种，以经销名特优新和中高档商品为特色。市百一店不仅面积大、商品全、装潢新，其综合性服务更是首屈一指，因此聚客能力极强，每天平均接待顾客25万人次，是全国商业最大的窗口，在消费者心目中形成了"买商品到一店"的印象。市百一店从1949年新中国成立之时创立至1989年，经过40年发展，经营规模不断扩大，经济效益逐年增加，销售额和利润年平均递增16.9%，1989年商品销售额达7亿元，实现利润4 978万元，在全国大型百货零售企业中居于首位，成为名副其实的"中华第一店"。

1982年3月15日，报纸上登了"明天市百一店启用自动扶梯"的消息后，第二天扶梯前人潮涌动，带着兴奋和喜悦的市民体验了一回乘坐电梯扶摇直上的感觉。这是改革开放中浦江大潮涌起，上海百货商场再次与世界接轨，重新开始面向国际化的一个小小缩影。

图3-20 1982年3月15日市百一店启用自动扶梯，前来乘坐的市民络绎不绝

继市百一店启用自动扶梯后，1985—1990年，随着改革持续深入和市场经济的兴起，各大百货公司纷纷着手内部设施的现代化升级，并引进国外品牌。这一期间，市百一店完成了装修改造，市百十店经内部装修改名为华联商厦，上海友谊商店完成了扩建……这些在当时被称为"热水瓶换胆"的一系列改造项目，意味着上海零售业吹响了迅猛发展的号角，开始走向现代化、国际化。

华联商厦，其前身是始建于1918年的永安公司。新中国成立后，经过企业所有制改造，于1969年改名为第十百货商店，1988年经过内部装修升级后更名为华联商厦。华联商厦是国内具有一流水平的大型综合百货商店，营业面积达1.4万平方米，商品品种有2.5万余种，集零售、批发、集团、邮购等多种经营方式于一体，兼营钟表修理和橱窗广告业务。改革开放中，华联商厦不断在传承中创新，增强竞争优势，努力将自身打造成为"环球百货、国内领先、服务一流"的现代化零售企业。1989年，华联商厦销售总额达4.7亿元，实现利润2 733万元，在全

图3-21　20世纪80年代末的上海华联商厦（前身是永安公司）

国"华联集团"中名列第一，尤其是其服装商场零售额超过1亿元，树立了"穿在华联"的口碑美誉。

与大型商店的"大而全"相比，百年老店则是"专而精"。培罗蒙西服公司是一家专营男士西服、大衣的特色专卖店，凭借技术精湛、选料上乘、风格独特而享誉海内外。该店创建于1928年，创始人许达昌先生在四川路开设了许达昌西服店，后搬迁到南京西路，改名为"培罗蒙"。培罗蒙成功的诀窍是将产品质量作为经营之本，不仅组建了缝制裁剪的专门技术团队，还采用前店后厂的模式，既可备料定制，又可来料加工，形成了一套量体裁衣的独门绝活。改革开放后，培罗蒙作为中华老字号重新焕发生机，在保留传统制衣工艺精华的同时，与时俱进进行改革，使新的工艺更加符合现代人的穿着理念和时尚要求。

图3-22　20世纪80年代末南京东路上的培罗蒙广告招牌

恒源祥是上海最大的绒线专卖店，年销绒线200吨、羊毛衫裤20万件，素有"绒线大王"之美誉。该店创立于1927年，通过推广绒线编织法、组织绒线时装展览、陈列新花绒线等，恒源祥

图3-23　1980年代末南京东路上的恒源祥专卖店

名气大增。新中国成立后，1956年进行了公私合营并迁入南京东路。1978年被列为专业特户，1985年销售的圈圈绒一时风靡上海市场，1988年恒源祥六十周年店庆之际，其"绒线大王"的美誉被媒体广为传播，成为全国家喻户晓的知名品牌。

吴良材眼镜公司创始于1719年，最初是一店二名商店，即外挂吴良材眼镜店，内悬澄明斋珠宝玉器号。鸦片战争之后，随着戴眼镜者增加而专营眼镜业务，改名为"吴良材眼镜店"。该店凭借恪守信誉、货真价实而声誉鹊起。1946年，从美国引进新式验光仪和自动研磨机器，成为全国首家供应隐形眼镜的商店。新中国成立后，吴良材继续保持业内龙头老大的地位，为我国空军成功研制了第一副航空防风镜，并成功研磨了第一架国产照相机镜头。改革开放后，吴良材扩建店面，老店呈新颜，再加之拥有先进的设备和经验丰富的验光师，并配套售前、售中、售后的一条龙服务，成为消费者配镜的首选商店。

亨得利钟表公司以经营和维修进口钟表而闻名

图3-24　1980年代末南京东路上的吴良材眼镜、亨得利钟表商店

全国，是国内最大规模的钟表零售企业，享有"钟表大亨"之美称。亨得利创始于1864年，当时是为欧美侨民提供生活服务的综合性商店，兼营钟表。从1917年开始专营钟表业务，因与洋商的特殊关系，货源充沛，一时声势之盛为同业所望尘莫及，号称"远东第一钟表"。改革开放后，亨得利钟表业务蒸蒸日上，审时度势不断引进中高档品牌手表，以满足不同层次的消费需求。亨得利钟表在同业内拥有"十大之最"的桂冠，即历史最久、牌子最老、规模最大、设备最新、技术最强、实力最足、品种最齐、质量最优、销路最广、销量最高，成为国内首屈一指的钟表专业商店。

图3-25　"中华商业第一街"——南京路

　　改革开放以来，南京路一方面着力发挥原有的经营特色，另一方面持续升级商业设施，整条街的经营元气得以恢复和加强。"三阳"的宁式糕点重新上市；"采芝斋""老大房"的苏式糖果和熏鱼再次售卖；泰康食品的糕点特色再现；国华瓷器的餐具和茶具重新闪亮登场。同时，无论大店还是老店，都经过店面扩建或翻新，面貌焕然一新。整条南京路迎着改革开放的春风，重新焕发出勃勃生机。

图3-26　1980年代南京东路街景

图3-27　1990年代初南京东路街景

（2）南京西路商业街

南京路的西半段称作南京西路，原称"静安寺路"，作为中国第一条西式马路，连接南京东路，东起成都路，西至华山路口静安寺，全长2 930米。南京西路商业街与南京东路商业街的定位不同，是一条商业与商务结合的商业大街，是目前上海最高层次的商业街区。改革开放后，南京西路商业街的特色优势日趋凸显，主要体现如下：

一是网点成片，强势崛起。1980年代初，南京西路商业街布局由于历史原因导致的"断层"问题日益明显，即东段密集，西段稀疏，中间被一些住宅、仓库、办公用房和房屋围墙所间隔造成商业网点无法连接。因此，"连网成龙"的商业街改造迫在眉睫。于是，通过动迁非营业用房、破墙开店、增设新店，商业网点得以连成一片。

经过改革开放后十多年的努力，1992年南京西路沿街商业网点达457个。新兴的现代家电、计算机、美容化妆品、快餐、酒吧等行业不断涌现。金融业、旅游业、信息业、房地产业相继崛起。南京西路经营方向逐渐向中高档发展，商业街的销售额持续增长，至1992年达14.08亿元，实现税利超100万元以上企业有34家，占静安区同类企业总数的65%。同年，静安区政府开启了对南京西路商圈的综合改造。此后梅龙镇、中信泰富广场、恒隆广场等40余个商业楼宇竣工开业，南京西路"金三角"正式形成。

二是名店众多，特色荟萃。随着改革开放步伐的加快，南京西路经过重新规划与设计，不断推出一批批享誉国内外市场的"名、特、优、新"商品，呈现出各行各业特色荟萃的新景象。在服饰业方面，有被称为"女服之王"的鸿翔公司、"西服王子"的亨生西服公司、集中华民族传统工艺的龙凤中式服装店、经营雍容华贵裘衣的第一西比利亚皮货公司、专营真丝服装的永泰服饰店、"衬衫羊毛衫世界"开开公司、"锦绣天地"富丽绸布店、"女鞋皇冠"蓝棠皮鞋店和"阳刚之美"博步皮鞋店等，各类时尚穿搭均可在此条街道上选购。在餐饮、食品业方面，有绿杨邨酒家、王家沙风味点心、凯司令奶油蛋糕、泰昌西式干点、立丰食品、大发土特产食品等，大到知名酒家，小到早茶夜宵店，各种美食，应有尽有。

此外，中西药业有"国药之府"百年老店雷允上、专营广药九和堂和第六医药商店等；日用品业有"自行车王国"得利车行、"中国瓷都窗口"上海景德镇艺术瓷器服务部、上海电视机商店等。除此之外，还有著名特色老店，如南京美发公司、上海（万象）照相馆、正章洗染公司等；新开设的名店也接二连三，上海皮革公司商厦、摩士达商厦、雪豹皮草行、上海服装研究所服务部、上海洗涤化妆用品总汇等，这些店铺为南京西路的蓬勃发展源源不断地注入新的活力。

图3-28　1980年代华山路、南京西路路口的正章洗染总店

图3-29　1980年代南京西路的理发店中排队做发型的女性

而且，这条商业街还形成了集儿童吃、穿、用、玩、乐、学于一体的服务中心，这里有全国第一家"小小世界"儿童营养餐厅，有全市最大的向阳妇女儿童用品公司，有著名的上海儿童食品商店、少年儿童书店以及儿童保健药房等。同时，在静安古寺周围，曙光、欣雅、久远、金三角、中天宝等金银珠宝店相继开业。在万航渡路、愚园路口及其周边经营长城、东海、四通电脑系列产品和自动化办公用品等30余个网点汇聚一隅，形成了一个大规模的综合电脑市场。

三是宾馆林立，设施升级。南京西路地处上海市区的中部，静安寺又是上海交通枢纽之一。主干道与16条支马路构成纵横交织的"非"字形道路系统，20余条公交线路途经这里，通向四面八方。便捷的交通

图3-30   1980年代南京西路、茂名北路路口的上海儿童用品商店

图3-31   20世纪90年代南京西路鸟瞰

带来大量的人流、商流、资金流和信息流。改革开放以来，来沪的国内外游客日益增多，商务交流也日趋频繁。因此，1980年代后，南京西路不断改善商业设施，一系列宾馆相继落成。原有的华山饭店进行改扩建，波特曼香格里拉酒店、锦沧文华大酒店、静安希尔顿酒店、上海国际贵都大饭店、上海宾馆、静安宾馆和百乐门大酒店等8家高档次、现代化的宾馆相继落成。此外，坐落在南京西路商业街中段的上海商城与上海展览中心，常年举办大型展览、展销、贸易洽谈活动，万商云集，成为上海重要的国际商务中心，推动着南京西路乃至整个上海走向开放化、现代化和国际化。

2. 淮海路商业街

淮海路位于上海市中心人民广场区域，与南京路并肩齐名，是上海最繁华的商业街之一。淮海路全长6 000多米，分为淮海东路（长373米）、淮海中路（长5 500米）、淮海西路（长1 506米）三段。其中，闻名遐迩的是从陕西南路到龙门路、长约2 000米的淮海中路商业街——"东方香榭丽舍大街"，其氛围让人不禁想起巴黎香榭丽舍、纽约第五大道和东京银座。如果说南京路是上海商业的象征，那么淮海路则代表一种品位和风格——美丽、摩登、有腔调。如今，百年淮海路已然成为众人眼中雍容华贵的购物天堂，而它持久的生命力在于始终与时俱进的步伐与海纳百川的胸怀。

淮海路始建于1900年，是上海法租界越界外筑的一条马路，初名"西江路"。不久以后，1906年又以法租界公董局总董宝昌（Paul Brunat）之名命名，改称"宝昌路"。第一次世界大战以后，为纪念法国将军霞飞（Joffre），1922年改名为"霞飞路"。抗日战争时期，上海沦陷，1943年汪伪政权接管租界行政权，又改为"泰山路"。1945年抗日战争胜利后，国民政府又以国民党元老林森之名，改名为"林森中路"。新中国成立后，

图3-32　20世纪初淮海路街景

图3-33　1930年代霞飞路沿街开满了极具中外混合摩登风情的店面

1950年为纪念淮海战役胜利,改名为"淮海中路"。伴随着中国百年近代史的跌宕起伏,淮海路五易其名。

淮海路作为商业街的兴起,主要可追溯至1917年俄国十月革命时期。当时,在社会的巨变动荡之下,一批俄国旧贵族、商人逃亡到上海法租界,在霞飞路上开设很多极具欧洲摩登风情、精致高雅的商铺,经营与欧美发达城市同步的高档生活消费品。从此,霞飞路上名店林立,名品荟萃,声名鹊起。1934年《良友》杂志发表的小说中,字里行间描述着这条街最值得夸耀的时尚元素:"第一道年红灯火在咖啡座的门外亮起来,接着一阵隆隆的电车响,街灯全着了火。"20世纪30年代,霞飞路吸引了越来越多的中外商人竞相开店,但由于中、外资商业定位各异,形成东、中、西三段不同的商业风格。东段开设西服店较多,经营中、低档西服;中段以经营时装、珠宝为特色;西段外侨商店居多,经营高档服装、鞋帽、金银首饰、百货等,尤以西餐、西点、咖啡、酒吧而闻名于沪上。此时期,霞飞路上店铺鳞次栉比,再配上笔直的街道、西式的洋房和法国梧桐,"东方香榭丽舍大街"由此得名,成为上海城市的时尚之源。

抗日战争爆发后,难民涌入租界,大批受战争影响的商店也迁入租界,一时形成按行业相对聚集于某一路段的特点。太平洋战争爆发后,日军占领租界,美、英等侨民经营的商店被迫转让或停业,西段商业骤减。但时过不久,服饰、珠宝、时装、绸布等行业复苏,西段又开设了不少时装服饰店。抗日战争胜利后,外国商品开始充斥市场,百货店、绸布店、时装店、珠宝店及咖啡馆等不断开设,整条街仍旧保持东、中、西三段的经营格局。

1949年新中国成立以后,国家有计划地建立以国营企业为主导的社会主义商业体系，淮海路商业街经过公私合营后，逐步扩大合并，并新设了一些商店。如1951年，建立国营中国百货公司上海市公司第二门市部（市百二店）和卢湾区消费合作社第一门市部（1954年转为上海市糖业糕点公司直属店，后改为长春食品商店）。1954年，把原五星百货有限公司、恒丰布店、小恒丰布店改造为国营上海市贸易信托公司旧货商店、八仙桥棉市店、第四棉布批发商店。1956年，合并连片的13家私营企业，改造成国营上海市妇女用品商店，成为国内创建最早、规模最大的妇女用品专业商店。这些国营商店大多都是大中型企业，成为淮海路上的商业龙头企业。

总之，公私合营后，经过对网点的多次改造调整，淮海路的商业布局、经营结构趋向合理，方便了市民购物，同时也继承和发展了一些传统经营特色，如高桥食品店的松饼，哈尔滨食品厂的蛋糕、糖果，沧浪亭点心店的苏式糕点、面点，老大昌食品店的西式点心等。此外，还拥有面料考究、制作精致的服装加工等前店后工厂、自产自销的经营特色；西餐业保留俄式、法式，发展欧美式，形成以复兴饭店杨宝杰为代表的杨派俄式西菜、以红房子西菜馆俞永利为代表的法式西菜和以邱锦昌为代表的欧美式西菜；奇美皮鞋店以镶、嵌、串、滚等特色工艺和狭、扁、翘的楦型，生产女式优质皮鞋，被消费者赞为"奇得别致，美得可爱"。此时期，淮海路形成了行业门类全、名店特色多、品种花式新、制作工艺精和中高档商品多的特点。

1978年党的十一届三中全会后，淮海路迎来了商业发展的繁荣期。各行业根据市场变化，不断调整经营结构，形成了一些新的经营特色。例如，五金交电行业以经营家用电器为主，成为淮海路上备受瞩目的新兴行业，电视机、吸尘器，甚至电脑等电器商店受到消费者青睐。1984年，百货行业开设天宝金银首饰店，服务业开设沪上第一家美容美发的露美美容厅，紧接着新的珠宝店、美容美发店接二连三开业。之后，以麦当劳为代表的各类中西快餐店，成为餐饮业的新秀。1980年代后期，淮海路配合市政工程、旧房改造等城市建设项目，进行大规模商业重组，重组核心是以建立特色企业为龙头，以特色经营为方向。通过动迁居民住房，促使商店拓宽营业场地，建成一批大中型专业特色商

图3-34　1980年代淮海路上的人民照相馆

图3-35　1980年代初淮海路上的西餐馆收银台

图3-36　1980年代淮海路上的六一儿童用品
　　　　商店

场,如红星眼镜公司、人民摄影公司、大同酒家、沪江美发美容、大方商厦等。与此同时,以特色企业为龙头,连网成片,建成新世界时装公司、金龙丝绸呢绒精品公司、上海钟表店、劲松参药店等一批专业特色商店,发挥商业集聚效应。20世纪80年代末,淮海路上的市、区名特商店一共有44家。

3.四川北路商业街

四川北路商业街,位于上海虹口区,是一条南北向街道,南起四川路桥,中经横滨桥,至多伦多路东江湾路路口,全长3.7千米。四川北路初名北四川路,筑于19世纪末20世纪初。此时期,淞沪铁路通车,北四川路水陆交通便捷,商贩云集,并辐射周围。1920年代,上海邮政总局大厦落成,沿街店铺林立,商业兴旺。《上海风土杂记》中这样描述:"北四川路跳舞场,中下等影戏院、粤菜馆、粤茶楼、粤妓院、日本菜馆、浴室、妓院、欧人妓院、美容院、按摩院甚多,星罗棋布,全上海除南京路、福州路以外,以北四川路为最繁盛,日夕车辆、行人拥挤。"可见,当时的北四川路具有"华洋杂处,五方会聚"的特色,而且沿街一带粤籍人士集居,烧鹅、烧鸭随处点缀,"不中不西""羊城风味""吃玩中心"更形象地概括了此街的特点。除此之外,令这条街闻名遐迩的另一原因是,这里有鲁迅先生购书和避难的内山书店、中国左翼作家联盟诞生的摇篮公啡咖啡馆,以及上海滩风云人物居住过的众多海派建筑所构成的"露天博物馆"(多伦路一带)等。

1937年8月13日,淞沪会战爆发,日军入侵上海,虹口区成为战争

图3-37 1900年前后清光绪年间的北四川路

图3-38 1937年淞沪会战爆发之后,北四川路被日本海军直接管辖

的前沿阵地。居民外逃,商店倒闭或迁址,街面顿时凋零,商业空前衰落。沦陷期间,日本人占住了此街90%的房屋,原来的门面都被日侨店铺所取代。1942年,北四川路上有日本店铺、公司达326家,完全被日本人占有。

1945年,抗日战争胜利,日侨遣返,北四川路的华人商店陆续复业。1946年1月1日,改名为四川北路。1947年,沿街共有衣着鞋帽、食品果品、百货烟杂、茶肆酒楼、珠宝银楼等商店500余户,商业复苏,恢复了上海主要商业街的地位。但是,羊城风味的市场特色消失殆尽。而且,此街上的行号和商店低矮、狭窄、进深浅,门面陈旧不成片,这也是历史造就了四川北路商业街特有的格局。

1949年新中国成立后,四川北路经过社会主义改造,商业网点发生了较大变化。1950年代初,一定好食品店、康森时装店(万红时装店前身)、西湖饭店等私营商店及一批夫妻店迁入此街。1956年公私合营后,多数商店合并或扩大规模,如恒兴、环球、霖记三家经营照相材料的小店合并为恒兴照相材料商店(朝晖照相材料商店的前身)。同时,一批特色商店陆续开业,如大祥食品、大丰服装店、金龙洗染店、虹光眼镜店等。1957年,国营上海市第七百货商店(市百七店)由虹口区消费合作社创建。1966年,四川北路商业网点共有280家,在苏州河北岸以规模大、门类全、经济实惠而著称,大大满足了市民的日常生活需求。

1978年党的十一届三中全会以来,随着改革开放步伐的加快,四川北路也随之发生了深刻的变化。其一,商店规模逐步扩大。沿街店铺原本具有店堂小、进深浅、设施差等先天问题。1980年代以来,在政府的引导下,很多商店都走向规模化经营,如长城饮食店从原来180平方米翻建为800平方米,博华商场经过改造升级为面积达500平方米的中高档商场,花城酒家新建6层楼开张营业等。其二,商业网点趋向连贯。多年来,四川北路网点存在南多北少,中间断续的问题。1985年以后,沿街的仓库、工厂、学校等纷纷破墙开店,商业网点聚少成多,趋向连贯。其三,新老商业荟萃融合趋势明显。具体表现有以下三点:

一是老字号商店、传统名店在大力发扬原有经营特色的同时,积极进行服务创新。例如,香港美发厅开设了烫发室、美容室和外宾专用

图3-39 1980年代四川北路街景

室;凯福饭店扩大了三楼厅堂,恢复了宫廷特色菜肴;还有一定好食品厂、万红时装商店、西湖饭店等一批名店都努力打造自身经营特色,吸引新老顾客光顾。

二是调整或新增一大批专业特色商店。这一时期,先后调整和发展了佳美羊毛衫公司、丽丽美容品公司、群利床上用品公司、川香良友土特产商店等一批专业特色商店;新设全丰土特产商场、新艺皮件上光商店、美声音像商店、佳丽妇女儿童用品商店等一批商店。1989年,四川北路被评为"虹口区名特企业"的商店数量达30家,占虹口区名特企业总数的一半以上。例如,被誉为"被面大王"的美纶化纤商店、"香菇大王"的全丰土特产商店、"纽扣大王"的大兴纽扣公司等,赢得了众多消费者的口碑。

三是打造夜市灯会,吸引八方来客。四川北路在原有夜市基础上,建成霓虹灯街,举办夜市灯会,集中几十家特色饮食店,建成美食小吃街,为商业街增加了新的魅力。截至1989年,四川北路商业街共有商业网点405户,各种老字号商店、名店、特色店云集,名特优新商品荟萃,高中低档兼有,平均每天客流量20多万人次,成为沪上购物最方便的市级商业街之一。

4. 西藏路商业街

西藏路位于黄浦区闹市，以苏州河、延安路为界，由西藏北路、西藏中路、西藏南路三段组成，全长1 600多米。西藏路于1912年填埋泥城浜修筑而成，形成了当时市中心为数不多的横穿上海的南北干道，与南京路、淮海路等多条知名马路相交，是上海的交通干道，更是集美食、娱乐、旅游于一体的繁华商业街，承载着上海人的生活。

1917年大世界游乐场在西藏路延安路路口开张，带动了整条街商业的兴旺。大世界游乐场号称"远东第一俱乐部"，占地1.4万平方米，内设剧场、电影场、书场、杂耍台、商场、中西餐馆等，日夜均可接待客人。大世界游乐场设计了许多新花样吸引客人，如在露天场地安装儿童喜爱的高空飞船；"乾坤大剧场"设上下两层，座位千余，日映电影，夜演京戏等。大世界游乐场开张后，游客如云，络绎不绝。于是，为了与之相适应，周边各类饮食店、小吃店等纷纷开张，甚至营业至深夜，由此西藏路的商业活动日益活跃。1938年，沿街共设有店铺242家，大世界游乐场、跑马厅、上海大戏院、维也纳舞厅、东方饭店等各类吃喝玩乐场所云集，灯红酒绿，歌舞升平。可见，新中国成立前的西藏路是以娱乐著称的花花世界。

图3-40   1881年南京路劳合路(现六合路)路口西望泥城浜(西藏路)街景

图3-41 1930年代大世界附近街景（今西藏路延安东路路口）

新中国成立后，上海市政府对西藏路商业街实施了重点改造，从以"娱乐"为中心转向以经营中低档商品为主的综合性商业街。1978年改革开放后，西藏路又朝着"美食、娱乐、旅游"三位一体的方向转型和发展，展现出一派欣欣向荣的景象。在美食方面，各类小吃店、饮食店集聚。当时，在西藏路不足1千米的街道上，有30家饮食店星罗棋布，供应80多种点心和风味菜肴，如五味斋、春雷鸡粥店、西藏点心店等大受欢迎。大世界游乐场附近的饮食网点与云南路小吃街也遥相呼应，形成了闹市中心的一条特色美食街。在娱乐方面，除了远近闻名的大世界游乐场之外，上海电影

图3-42 1980年代大世界街景（在延安东路西藏中路人行天桥向南望）

图3-43　1984年国庆节西藏路福州路的人山人海

院、和平双厅电影院、人民公园、上海音乐书店等都是市民游客逛街娱乐的好去处,共有文化娱乐场所16户,并且纷纷延长营业时间,促使西藏路的夜市更加兴旺。在旅游方面,1980年自大世界旅游中心旅行社开业以来,新增旅行社12家。1989年共接待游客40万人次,实现营业总额5 362万元,这样庞大的旅游规模推动着整条商业街乃至上海零售业的迅猛发展。

5. 豫园商场

豫园商场地处上海市黄浦区豫园地区,与毗邻的豫园、老城隍庙、沉香阁等名胜古迹和人文景观完美地融为一体,独具海派文化风情和鲜明的经营特色,这里不仅是上海著名的商业中心,也是上海的文化名片和旅游胜地,在国内外享有盛名,因此被称为"上海之根"。

豫园作为江南古典园林,始建于明代嘉靖、万历年间,距今已有四百余年。古人称赞豫园"奇秀甲于东南""东南名园冠"。豫园商业的兴起,源于清朝咸丰、同治年间旁边城隍庙的香火旺盛。当时,四周逐渐成为庙市,豆米业、布业、糖业等同业工会迁至园内,部分园林变成市场,从而带动了周边商业的兴旺。一直到新中国成立前,豫园的商业发展，主要都是依靠到城隍庙求神拜佛的市民游客所带动，当时街道上布满了香烛锡箔、佛像经书、骨牌等商店，还有测字算命摊、素食摊，以及一些古玩店、书画店等，为前来烧香拜佛的人提供各种便利。因此，此时期该商圈被称为"老城隍庙市场"。

图3-44　清末老城隍庙内景

图3-45　1920年代方浜路老城隍庙正门口街景

图3-46　1949年方浜路老城隍庙正门口街景

20世纪50年代，上海市政府拨巨款，对已破败老旧的豫园进行了历时5年的大规模修缮，对周边商贩也进行了整顿。实行公私合营后，老城隍庙市场正式更名为"豫园商场"。1978年以后，在改革开放政策的引导下，豫园商场经过不懈的努力，在将自身打造成为小商品王国的同时，还大胆改革经营体制，重点拓展黄金饰品、家用电器等商品门类，积极尝试多元化经营，经营状况蒸蒸日上。

20世纪80年代，豫园商场开设了众多专业特色商店，其中以销售小商品居多，形成"小、土、特、多"的经营特色。"小"到刀剪、纽扣、瓶塞等各类小商品应有尽有，花色品种高达2万种以上。"土"到从南北杂货土特产，如常州麻糕、杭州油包等各地小吃，到名牌工艺品，如苏州檀香扇、宜兴紫砂、兰州花瓶等都汇集于此，琳琅满目。"特"指特需商品，如不同产地的拐杖，甚至不同款式的假发均可在此货比三家，反复挑选。"多"指品种多、规格多，如号称"瓶塞大王"的日用瓶塞商店备有不同用途的瓶塞上百个，诸如此类的商店品类齐全，品种繁多，可供顾客各种日常之需。然而，若要持续发扬"小、土、特、多"的经营特色，拓宽货源渠道至关重要。此时期，豫园商场采取工厂直采、产地自采、小商品生产基地建设、与同行组建经济联合体开展联购分销等多种灵活的采购方式，在渠道创新上不断突破，广开货源，从而确立和巩固了小商品王国的特色优势。

同时，豫园商场不忘初心，将传承历史文化作为一贯的经营使命。1986年，豫园被列为全国重点文物保护单位，得到全面修复。绿波廊餐厅、松云楼等一批传统老字号也随之恢复经营，商场内包括湖心亭茶楼在内的十多家传统城隍庙小吃集体登场，南翔馒头、鸡汤鸭血、宁波汤

图3-47　1980年代豫园街景

圆以及各式点心，品种多样、制作精良、美味可口，由此豫园商场又得名"小吃王国"的美誉，完美地继承了老城隍庙以小吃美食著称的经营传统。

但是，豫园商场的经营范畴不局限于此，因为无论是小商品王国，还是小吃美食，虽然传承了传统的经营特色，但商品价值有限，难以充分将区位价值变现。因此，豫园商场必须寻求新的转型方向，那就是销售价值最高的商品——黄金。1982年，国内恢复了停滞已久的黄金饰品销售。借此机

图3-48　老庙黄金银楼

会，上海老城隍庙工艺商店于1982年成立，系国务院批准国内恢复销售黄金饰品后的上海首家黄金零售店，并于1988年改制为老庙黄金有限公司。凭借区位优势和大胆的电视广告投入，老庙黄金迅速扩大规模，率先试水连锁模式，迅速成为上海市乃至全国最大的金店。豫园商场黄金业务的异军突起，也将餐饮、食品与工艺品等传统业务远远甩在身后，从此黄金业务成了豫园商场的核心业务。

1987年11月25日，对于豫园商场来说，具有重大的里程碑意义。这一天，豫园商场被批准为上海商业系统第一家股份制企业。紧接着1988年3月，豫园商场向社会公开发行股票，公司资本大增。1988年7月18日，豫园商场股票在上海证券交易所正式挂牌上市，成为中国第一个上市的商业股份制有限公司，被誉为"中华商业第一股"。从此，豫园商场在股份制改革的道路上，大胆前行，求新求变，发生了翻天覆地的变化。

走进豫园商场，在明清建筑风格的映衬之下，古朴街市和热闹非凡的景象，构成了一道靓丽的风景线。在这里，市民游客在欣赏江南

图3-49　2016年豫园商城

古镇美景之余，有吃有喝，可逛可买，既是视觉享受，也可满足味蕾，更能够慰藉心灵。在这里，上海700年历史文脉的展示、丰厚的城市文化底蕴、浓郁的民俗风情、鲜明的商业特色浑然一体，豫园商场如涅槃重生，屹立在上海老城厢这片热土上，成为上海零售业界独一无二的存在。

第四章

蓄力腾飞

力飞

（1990—1999年） >>>

引　子

　　步入1990年代，上海开启了真正的市场化进程，上海零售业也随之拉开了快速发展的序幕。1990年代初期，外资的注入催生了合资百货商店的兴起，波特曼上海商城、东方商厦和第一八佰伴率先开业，带动了上海百货业的发展。此后，超市作为新兴业态出现，联华和华联两大超市巨头先后成立。1990年代中期，家乐福、麦德龙和罗森等国际著名零售连锁集团纷纷进驻上海，带来了超市大卖场、仓储会员制超市和便利店等零售新业态，填补了上海市场的空白。同时，中国本土零售企业也在模仿和学习中不断创新发展，粮油系统便利店、可的便利店和农工商超市相继在逆境中崛起。1990年代末期，梅龙镇广场和港汇广场等一批以港资为主的购物中心不断涌现，中资便利店在整合重组后呈现出以可的、联华、华联罗森、良友、梅林正广和85818为代表的"五虎争霸"局面。此外，网络销售和无人销售两大新业态也开始出现。至此，上海的零售业态全部聚齐，并走上蓬勃发展的快车道。

一、上海商业走向现代化、国际化

经过1980年代末期的经济整顿，上海商业迎来了一个崭新的发展时期。自1992年起，按照邓小平视察南方重要讲话的精神，上海商业向着现代化、国际化方向发展。

（一）开放心态催生零售业崛起

1990年代初，上海开始以开放的心态接纳各种新事物，同时作为全国经济的龙头，大胆尝试改革，为后期零售业的崛起打下坚实的基础。上海先从取消食糖、鲜蛋和食盐票证开始，逐渐取消婴儿奶糕凭卡定量供应、猪肉凭票供应的制度，直至各种票证退出舞台，自此"天刚蒙蒙亮便排队，轮到时商品卖光"的场景一去不复返。随着市场经济体制的建立，上海的商品市场活跃起来，商品种类越来越丰富，商品供应情况也得到很大改善，基本达到供求平衡或者供大于求的状态，这为建立超市、大型商场等零售店铺创造了有利条件，零售业也迎来了新的发展时机。

（二）开放的政策积极推动外资引进

1990年代，上海积极引进外资，采用中外合资的方式大量兴建百货商厦，引进新型连锁超市、便利店和购物中心。在引进外资的过程中，上海零售企业通过不断学习国外先进的经营管理技术，快速成长。

1992年7月，国务院发布《关于在商业零售领域利用外资问题的批复》,中国零售业市场开始对外资开放,允许外商在北京、上海、天津、广州、大连、青岛和五个经济特区试办一至两个外商投资商业企业,但必须以合资或合作的方式进行,中方控股51%以上,不得经营批发业务,进口商品比例也不得超过30%。由此揭开了外资进入中国零售业的序幕。

1993年1月,当时的上海市副市长庄晓天在上海市商业工作会议上进一步明确了扩大利用外资的方针,提出吸引外商投资零售企业、引进先进的商业经营管理经验和营销技术的政策建议。

1996年6月,经国务院批准,当时的国家经贸委、外经贸部联合发布了《外商投资商业企业试点办法》,将中国商业领域对外开放范围扩大到所有省会城市和计划单列市,同时允许外商经营自进商品的批发业务。这标志着中国商业,尤其是零售业的对外开放迈出了重要一步。

外商零售业不仅带来了雄厚的资金,也带来了先进的经营理念、营销策略和科学的管理方式,使得中国传统零售业发生了深刻的变革。

(三)外资的引进带来丰富的业态

1990年代,上海的零售业主要经历了三个发展阶段。

1. 起步阶段(1990—1993年)

1990年代初期,大型合资百货商场崭露头角,波特曼上海商城、东方商厦先后落成;日资零售企业进驻上海,日本第一八佰伴开创中日合资百货的先河;同时,伴随着改革开放的深入,人们生活水平的日益提高,联华、华联两家中资超市也应运而生,并在短时间内快速成长为两大连锁超市巨头,中资超市迅速崛起。

2. 成长阶段(1994—1996年)

1990年代中期,外资零售企业大规模进驻上海,大卖场、仓储式超市和便利店等零售业态一拥而入,再加上已初具规模的百货商场及传统连锁超市,上海零售业呈现出多种零售业态共存的发展态势。另一方面,为了应对外资零售业的冲击,中资零售企业纷纷效仿和学习外资企业,并不断扩大经营规模。在政策红利的驱动下,超市、便利店的数量飞速增长,传统百货商场也在不断革新中通过重组的方式发展壮大,革新后的新型百货商场带来了更好的购物体验。

3. 飞速发展阶段（1997—1999年）

1990年代末期，大量港资持续涌入，带动大型购物中心快速普及和发展，梅龙镇广场和港汇广场相继落成。中资连锁超市、便利店通过更新与重组，从量的积累转变为质的飞跃，管理水平和服务水平有了大幅提高。此外，网络销售和无人销售等依托先进技术的新型零售业态开始出现，不同业态呈现出百花齐放的态势。

以下，将依次叙述1990年代上海零售业的起步阶段、成长阶段和飞速发展阶段三个时期的发展变化和时代特征。

二、起步阶段：“领头羊”出现
（1990—1993年）

（一）外资催生合资百货兴起

1990年代初期，随着中国改革开放的深入，党中央、国务院作出了"以开发开放的浦东为龙头，带动整个长江流域的新飞跃；尽快把上海建成国际经济、金融、贸易中心之一"的经济发展决策。同时，还宣布了开发开放浦东的十条优惠政策，其中的第五条政策是：允许外商在浦东新区试办商业零售企业，这为外资进入上海零售业提供了便利条件。在这一政策的带动下，大批外资百货企业涌入上海，率先带动了上海百货业的发展。

1. 上海第一个现代化城市综合体——波特曼上海商城落成

波特曼上海商城的建立要从1979年邓小平访问美国说起。邓小平访美期间曾下榻亚特兰大市的威斯汀桃树广场旅馆，旅馆在一栋73层高的摩天大楼内，该大楼是跨越亚特兰大14个街区的桃树中心综合建筑群中的一员，在当时是亚特兰大城市天际线中极为重要的景观标志。该建筑是约翰·波特曼的成名作之一，其建筑风格给邓小平留下了深刻的印象。在这之后不久，约翰·波特曼就应前佐治亚州州长乔治·巴斯比的邀请，作为邓小平的客人，随团首次访华。

1980年，在刚刚改革开放的中国，宾馆、酒店资源稀缺，这让敏感的约翰·波特曼嗅到了商机，开始酝酿在中国拓宽自己的版图。于是，约翰·波特曼的儿子、波特曼建筑设计事务所首席执行官——杰

克·波特曼受父亲委托为
在上海打造一座像桃树中
心一样的多功能、综合性
的商业建筑做准备，他本
人在项目中兼具建筑师和
城市中心地产开发商双重
身份。当一切准备就绪
时，5年的时间已经过去。
1985年，投资额高达1.95
亿美元的上海商城终于得
以正式投入施工。

图4-1　波特曼上海商城

　　1990年3月，波特曼
上海商城主体在南京西路竣工，1990年5月25日正式投入试营业，整
体建筑群于1992年全部建成。作为中国第一座多功能、多用途的建筑
群，波特曼上海商城以152.1米的高度引领了上海新高度。商场、办公
室、公寓、展览区以及剧院一应俱全，都展示了当时的国际最高水平。
波特曼上海商城还引进了上海第一批外资连锁品牌，例如香港惠康超
市、屈臣氏大药房、满汉全席酒楼以及HARD ROCK咖啡馆等欧美品牌
共20多家，这里成了上海引入外资的窗口。时髦的现代化装饰布局，
多功能于一体的综合建筑群，使波特曼上海商城成了当时街头巷尾热
议的话题，且热度持久不退。

　　在上海商城中，丽思卡尔顿酒店更是瑰宝。它拥有610间豪华客
房和上海城区最大的总统套房，位处波特曼上海商城中央，东西两翼分
别是两栋34层高的公寓和办公大楼，通向花园或是半室内的中庭。从
建筑正面来看，中央塔楼与两翼的造型仿佛是一个"山"字。商城最成
功之处在于营造出中庭空间里川流不息的人流景象，购物者和房客均
需穿越中庭来来往往。为表彰波特曼的贡献，商城中央的丽思卡尔顿
酒店被称为波特曼酒店，这也是丽思卡尔顿所属的万豪国际酒店管理
集团在全球唯一允许命名为波特曼的。

　　在后来的回忆中，约翰·波特曼曾说："在我回顾上海项目的时

候，我感觉很骄傲的是，我为上海的招商引资工作作出了贡献。"在外资引进还很少的年代，波特曼作为第一批外资企业家，确有资格这么说。

图4-2　波特曼上海商城中庭

图4-3　丽思卡尔顿（波特曼）酒店客房

上海商城汇集东西方美学于一体，集商业、文化、艺术、休闲、购物和美食于一体，是申城海派文化与精致生活的极致体现。30多年过去了，尽管如今的上海高楼拔地而起、日新月异，但上海商城以其先进的设计理念和完善的维护措施，至今依然被视为现代化建筑的典范，依然保持着一贯的繁华，在上海人的心目中占据着重要地位。

2. 新中国成立后上海第一家高端百货——东方商厦建成开业

1992年，由香港上海实业控股有限公司与上海一百（集团）有限公司联合投资经营的东方商厦落成，这是新中国成立后上海第一家落成的高端百货，同时也是中国内地首家沪港合资零售商业项目。

1993年1月10日，东方商厦正式开业，英文名为ORIENT SHOPPING CENTRE，是上海首家带有购物中心含义的商业项目，吹响了上海外资品牌百货商场发展的序曲。东方商厦坐落于上海市西南部繁华的徐家汇商圈的中心，总面积约3万平方米，是集购物、餐饮和休闲于一体的"旅游涉外定点商店"，以零售为主，兼营批发。

随着改革开放的持续推进，人们的收入水平大幅提高，上海市民的生活品质不断提升，对购物的要求也越来越高。东方商厦在当时以舒适优雅的购物环境、高档齐全的品牌商品和周到细致的服务著称，为人们带来了在其他商店无法享受到的时尚与品位体验，使得在此逛街成为真正的享受。当购物成为享受时，消费者在商场的消费早已超越了

图4-4　东方商厦

有形商品的范畴,而服务竞争成为商业竞争的必然趋势。

东方商厦不仅为上海市民树立了新的消费理念,同时也带来了崭新的服务理念。开业伊始,东方商厦除个别特殊岗位外,所有营业员都以站立姿态接待顾客,第一次搬走了营业员坐的椅子,这在上海零售业属于首创。当时的人们,从没看见过东方商厦内这么好的购物环境和如此漂亮的商品,甚至连淡妆、身材匀称的导购小姐也成了顾客光顾的理由。人们在开放的货架间浏览、选择,真正感受到自己受到了商场的重视和尊重。据说,当年有两位新加坡来沪谈生意的人,下飞机找不到行李,两人直奔东方商厦购买了全套服饰,穿戴整齐,完全没有耽误生意。东方商厦也由此闻名,第一次掀起了高档消费的热潮。

此后,在坚持高档定位的前提下,东方商厦又明确了"礼品化经营"的理念。而且,为了尽快与国际接轨,还积极实行先进的经营和管理机制,率先采用境外采购、买断经营和总代理业务的经营方式,不断宣传和推广国内外知名品牌。东方商厦先后举办了"世界品牌推广会"和"十大世界品牌系列展"等大型活动,组织采购团前往中国香港以及法国、德国、意大利等地举行品牌招商会,引进世界知名品牌,这为品牌营销创造了条件,使国内消费者不出国门就能领略世界知名品牌商品的独特魅力。另外,在零售行业,商品是吸引顾客的原动力,销售特色商品和自有品牌商品是赢得顾客的主要方法。由此,东方商厦创建了东方美莎、依利欧两个自有品牌,经营服饰、包袋等商品,同时还担任了法国兰姿皮具和英国道顿瓷器的总代理。

东方商厦开业时正处于计划经济向市场经济的过渡阶段,人们的消费观念也正在从温饱型向小康型转变。在这样的形势下,东方商厦适时地表现出经济发展转型时期所显现的特征,率先提出"为一小部分人服务"的概念,倡导超越温饱型的享受型消费,培育了国内第一批高消费阶层。东方商厦所取得的巨大成功也为上海的百货商场开辟出一条新的道路。从此,大量引进外资成了各商场发展的主流。

3. 开创合资百货先河——上海第一八佰伴的创建

1991年4月12日,日本八佰伴国际流通集团创始人、总裁和田一夫来到上海,洽谈合作,并重点考察了第一百货。随后,他听取了对浦东开发的情况介绍，并实地考察了张杨路浦东南路地块。在考察后的第二天，上海市人民政府财政贸易办公室牵头，率领上海市第一商业局、上海市第一百货商店、上海市浦东商业建设联合发展公司与八佰伴国际集团有限公司代表团，就兴办零售合资企业事项举行正式会谈，仅用了半个小时就在合资意向的若干重要问题上达成了共识。在考察后的第三天，上海市人民政府财政贸易办公室与日本八佰伴签订了中国第一份试办中外合资特大型商业零售企业的意向书。

1992年5月15日，国务院正式批复并同意兴办中日合资上海第一八佰伴有限公司。项目组在短短4个月里就完成了《可行性研究报告》、合同、章程，以及翔实可信、操作性强的市场分析、经济效益预测，这为快速成立公司打下了坚实的基础。

1992年9月28日，上海第一八佰伴有限公司正式成立，落户浦东新区，成为中国第一家经国务院批准的大型商业零售合资企业。次日，在中日邦交正常化20周年纪念日之际，上海第一八佰伴有限公司新世纪商厦奠基。

商业外资的入境和中方资金的投入，涉及银行的借贷、利率、担保、汇率、外汇管理等一系列金融运作，面临着政策刚性、操作难度大等问

图4-5　上海第一八佰伴有限公司新世纪商厦奠基典礼

题,各个环节都需要有关部门去协调沟通,以争取政策支持。在当时的背景下,能够跨过政策"门槛",靠的是筹建人员的智慧,更靠的是他们的艰辛努力。其中最为复杂、最为艰难的一个问题是,中外投资双方在权益问题上的洽谈。在当时的第一八佰伴资本股权结构中,第一百货占45%,日本八佰伴占19%,香港八佰伴占36%,而董事会中有4名中国人和5名日本人。为了维护中方利益,中方项目组在拟定章程时,坚持重大事项需2/3董事通过,即除了外方董事,至少有一名中方董事举手方可施行,达成了事实上的55%股权与45%股权在重大问题上的权力等同。

从签订中外合资意向书到上海第一八佰伴有限公司正式成立,再到正式开业,足足经历了4年多的时间,其中的困难可想而知。这导致上海第一八佰伴虽然是最早成立的合资百货公司,却并不是第一家开业的百货商厦,但这并不影响其开业当天的火爆程度。

1995年12月20日,上海第一八佰伴新世纪商厦历经重重困难终于如期开张迎客。开业当天,顾客如潮水般涌入商厦,真可谓人山人海,盛况空前,创下一天内光临同一店铺107万人次的吉尼斯世界纪录。不少上海人对此都记忆犹新。

图4-6　上海第一八佰伴开业初期的外立面

图4-7　上海第一八佰伴新世纪商厦吉尼斯纪录证书

图4-8　上海第一八佰伴开业当天排队进商场的情景

图4-9　1995年12月20日的《新民晚报》

作为投资人和董事长的和田一夫也因这一中日合作项目被日本天皇加冕，面对开业盛况，他感慨道："一下子来了107万位顾客，把我都惊呆了，全世界所有的百货店开业，还没有如此高的纪录，真不愧是在中国。"开业仪式上，和田一夫发表了热情洋溢的讲话，他说："四年来，在中方合作伙伴的大力协助下，世界最大级别的综合商厦——上海第一八佰伴新世纪商厦终于隆重开幕。第一八佰伴将成为21世纪中国的新象征，中国也将因拥有这首屈一指的百货商场而享誉世界。"同时，上海市人民政府财政贸易办公室主任、第一八佰伴名誉董事长张俊杰发言指出："由国务院批准的中国第一家中外合资大型商业企业——上海第一八佰伴新世纪商厦得天时、地利、人和的优势，必将成为我国既有国际先进水平又适合中国国情的一流商厦。"

当时，矗立在浦东张杨路的上海第一八佰伴新世纪商厦确实称得上"一流"。

一流的建筑设计和工程。该商厦由日本清水株式会社总承包设计施工，上海建筑设计研究院合作设计，上海市第三建筑发展总公司分包建造。整幢商厦由99.9米高的21层塔楼和10层裙房两部分组成，总建筑面积14.48万平方米，裙房营业面积10.87万平方米。商厦正面外圈长达100米，6层楼高的白色大弯壁气势恢宏，下部设有12个拱形门洞，门洞内壁有十二生肖图案，情趣盎然。上海第一八佰伴新世纪商厦因别具一格的建筑风格，荣获了"建国50周年经典建筑铜奖"和"浦东开

图4-10　上海第一八佰伴开业当天的表演现场

发开放十年建筑金奖"，成为浦东标志性建筑之一。

一流的硬件设施。商厦地下拥有两层巨大的停车场，可停泊410辆小车，停放1 400辆自行车；商厦内外共有87部电梯（包括自动扶梯、观光电梯和垂直客货电梯）；商厦的消防、保安、空调、照明等均由中央控制室集中控制。这些设施和规模在当时非常罕见，可称为亚洲之最。

一流的服务理念。整个商场从硬件设施到软件布局，都体现出了用心和周到的服务。高空间的楼层，宽敞明亮，购物环境十分舒适；上行和下行的自动扶梯直接对接，顾客上下楼无须在商场内兜一圈，节约了购物时间和精力；在底楼入口处，还设有银行、邮局和ATM，为顾客提供多种便利服务；营业员遵循礼貌至上、服务至上的宗旨，接待顾客时彬彬有礼。

一流的经营理念。当时，该商场的运营工作由日本八佰伴派来的管理人员负责，严格规范营业人员，相关规定近乎严苛，比如鞠躬就分为90度、45度、30度；要求站姿笔挺，脸上笑意盈盈，眼神温和；早上开晨会时，加油的口号必须喊得非常大声，如果喊得不够响，还会被负责人叫出来单独喊。此外，商场还采用特装创意吸引顾客驻足，打造"最新、最潮打卡地"。在商厦外墙上,百米弧形大弯壁开创了商业户外广告的独特风格,从"大红灯笼高高挂""京剧脸谱"到"世纪之门""永远的雷锋",每三个月换新一次,堪称一道靓丽的城市风景线。

(二)中资两大巨头超市崛起

1990年代初,外资的进驻极大地促进了上海零售业的发展。而此时,中国本土零售企业也在悄然崛起。在上海市政府前瞻性战略的指引和大力推动下,联华、华联两家巨头连锁超市相继成立。

1. 上海第一家连锁超市——联华超市成立

1991年年初,在上海市商业工作会议上,上海市政府的领导明确提出:"上海已逐步具备了开办超市、连锁商店的条件,这件事今年要起步",同时还提出:"上海商业要开拓创新,改革商业经营方式和售货方式,发展具有中国特色的自选商场和连锁酒店。"随后,上海市内外联合贸易公司在原上海市财办的支持下,开始组建上海第一家连锁超市。1991年5月22日,上海商委正式批准上海市内外联合贸易公司组建成立上海联华超市商业公司。从此,诞生了上海第一家连锁超市公司——上海联华超市商业公司,成为上海连锁超市的"领路人"。这标志着中国零售业进入了一个新的发展时期。

在创立初期,筹备超市的几位工作人员,原先均在上海市内外联合贸易公司从事进出口业务,对零售业知之甚少,既没有现成的模式,也没有现成的经验。在商讨如何管理场地面积为500平方米的卖场时,一位领导找来了一盒包含广告在内只有15分钟的香港屈臣氏超市的录像带。于是,筹备人员就从模仿这盘录像带开始,确定了自己的特色销售方式,创立了联华超市。

在组建超市的初始阶段,遇到了诸多困难。在当时,商品市场仍然是计划经济与市场经济双轨制运行。生产单位无法与销售终端直接对接,所有商品在上架销售前都没有经过标准化包装。筹备超市的人员连条形码是什么都不清楚,也不懂扫描仪是用来做什么的。后来,在上海技术监督局和商委的协作下,制定了相关规定,要求工业产品生产出来后在三天之内必须条码化。条码化促进了工业产品的规格化、标准化和小包装化，也使得超市的规模得以不断扩大。而在这一规定发布之前，商品的条码是联华超市的领导和员工一张张手工贴上去的，平均一张条码的成本需要8分钱。

在缺少专业人员、超市运营知识空白、缺乏管理理论以及资金匮乏的艰难条件下，第一批联华员工以敢为人先的"吃螃蟹"精神，开始了艰苦创业。在大量市场调研的基础上，结合上海的消费市场现状，探索并制定了超市管理、门店选址、商场布局、价格制定、营业时间以及超市开架销售等一系列与经营管理相关的制度与策略。在第一家联华超市曲阳店开业前，从公司领导到汽车驾驶员都经常加班加点，往往忙到深夜。

1991年9月21日，联华超市曲阳店正式开业。上海市民奔走相告，店内天天爆满，出现了连续两个星期从早到晚排队入场参观购物的盛况。除了附近居民，有些住在市区的人也特意乘公交车来看热闹。曾在联华超市担任新闻发言人的孙明说："当时，由于人实在太多，只好在门口拉起绳子维持秩序。晚上超过了营业时间，卷帘门也关不上。"超市这一新的零售概念也由此在上海一炮打响。

图4-11　1991年上海市民在联华超市曲阳店前排队进店

继联华超市曲阳店开业后,联华超市在田林、仙霞、曹杨和长白等地区也先后开设了门店。联华超市一度成为上海市民购买日用品的最佳选择。

在联华超市的初始经营阶段,上海市内外联合贸易公司极大地推动了它的发展。连锁门店逐步扩大,还建立了曹杨配送中心。同时,联华超市不断借鉴国外超市的成功经验,逐步形成了统一进货、统一进价、统一核算、统一标识、统一税贷、统一广告和统一管理的连锁经营集约化管理模式。也因此,联华超市为上海连锁商业的发展提供了极具价值的经验,树立了榜样,起到了推动作用。

经过5年的运行,到了1995年,艰苦创业的联华超市已从刚起步的1家门店发展到41家门店,销售额也达到了2亿元,收支相抵还略有盈利。与开始的几年相比,向前跨了一大步。

事实上,在联华超市创立之前,上海已有一些自选类型的商店,只不过没有将其看作是超市。例如,1984年9月30日,西藏南路上曾开过一家上海粮油食品自选商场,这也是上海最早的超市雏形之一。虽然货物品种远远不如超市丰富,但全新的购物体验仍然让当时的上海人倍感新奇。一位笔名为"金鹿"的作者在当年报纸上的一篇名为《自选商场购物记》的文章中写道:"一踏进去,心里就油然而升起一种异样的感觉,是做过千百次顾客而从未有过的……面对两边一下子全部向我'敞开胸襟'的货架,我感到自己获得了应有的尊重,真正成了商品的主人。"

超市给上海人民的生活带来了很多改变。在没有超市之前,因为计划供应,买菜要跑菜市场,打酱油要去卖酱油的地方,买南货要到卖南货的商店,各类店铺零零散散地分散在各处,要跑很

图4-12　1984年12月22日的《新民晚报》

多商店才能买齐所有东西。人们在买东西前往往要提前规划好路线，按顺序依次买好。而超市则将各类分散在各处的零散商品集中在一起，相当于一个集市，深受市民的喜爱。

在当时，有些上海市民的居住环境还是商住混杂。在里弄街坊、工人新村旁边，购物主要依靠周边的小卖部、烟纸店。然而，随着上海经济的不断发展，城市的规模不断扩张，这些小商店里的商品已经无法满足人们的需求。地铁、公交、私家车的普及，也使得人们的出行范围不断扩大。由此，超市也就成了市民购物的主要地点。

此外，随着大规模的城市改造，处于市中心的大量居民迁移到了城乡接合部，形成了较大规模的居民小区，这些居民小区距离商业区较远，居住地和商业街区产生了分离，这也是产生超市这一新兴零售业态的重要因素。第一家联华超市将地址选在曲阳新村，就是因为那里是最新的、规模较大的工人新村，居住着大量的居民，且周边商业不发达，距离商业中心比较远。这也说明当时在曲阳新村建立超市是符合市场条件的。开在曲阳新村的超市，不仅服务小区周边的居民，还吸引了其他区域的大批市民过来围观和购物。

2. 上海第二大超市巨头——华联超市跟进

1990年代初期，上海零售业的竞争日趋白热化。许多商家热衷于兴建高档大型百货商店，区域性商战频发，购买力分流，市场不断细化，这逼迫着当时的国营大型商业骨干企业——上海华联商厦寻找新的成长点，开启一场深刻的变革。此时，大规模城市的改造和城市边缘新建小区的增加，催生了人们对零售的新需求。上海城市功能向流通和服务转移，拥有开放货架、采用整合供应链和标准化流程的超市可以实现大型商场的部分功能。如果创办超市，既可

图4-13　上海华联超市

以借助华联的良好商誉、金字招牌、资金和管理的优势迅速占领人口稠密、网点匮乏的居民小区，建立快捷便利的连锁商业网络，又可以加快与国际商业的接轨，实现自身的跨越式发展。

在这一情境下，上海华联商厦准确把握时机，并进行了科学的决策。1992年3月，华联商厦股份有限公司斥巨资兴办上海华联连锁超市，首批6家门店于1993年1月开业。到1995年，上海华联连锁超市就已拥有直营连锁店53家，加盟连锁店15家，位居全国超市行业规模第一、销售第一和利润第一，发展速度很快。据《中国经济信息》报道，1996年12月23日，上海华联超市第101家连锁店正式开业。

华联超市在创立之初就确立了"突出连锁机制"和"规范硬件设施"两个高起点定位，这是其成功发展的基础。华联超市引入了连锁机制，按照国际惯例，严格实施统一配送、各店分销的模式，做到商品由公司统一采购和配送、质量统一把关、货款统一结算和价格统一制订。各超市门店没有进货权，只负责销货、理货和加货。这种模式形成了规模优势和连锁效应，大大降低了成本。在硬件设施上，华联超市重点投资，在2年的时间里共投入了7 000万元，做到尽量与国际接轨，不搞两次更新。所有网点统一设计、装潢和布局。同时，引进具有国际先进水平的日本三洋冷冻柜、冷藏柜、空调机和收银机。健全的连锁机制、先进的经营设施体现了华联超市的统一性、规范性和领先性。

华联超市坚持始终以"心向市民、服务市民"为宗旨，以"连接社区千家万户，服务广大工薪消费群"为己任，围绕着"便民利民"的目标展开经营，这是其健康有序经营的根本。华联超市以主副食品和生活用品为主，选取中低档实用型商品，兼具菜场、粮油店、文具店、杂货店、五金店和书店等功能，多达19大类5 000余种商品。同时，还率先推出了代缴水费、电费、煤气费、房租和电话费等服务，深受居民欢迎。

在很长的一段时间里，华联和联华有"沪上标准超市"的两大巨头之称，竞争相当火热。对于许多上海人来说，家门口除了有联华超市，可能还有华联超市。两个品牌的名字如此相近，让人分不清楚。这一对欢喜冤家，在竞争中给上海市民带来了很多实惠。直到2009年，联华与华联全面合并，整合为新的百联超商板块，成了一家人。

三、成长阶段：零售业多业态并存
（1994—1996年）

1990年代中期，中外合资是上海零售业绕不开的话题，一些国际著名连锁集团纷纷以合资的形式涌入上海。法国家乐福、德国麦德龙和日本罗森相继进入后，上海开始出现了营业面积上万平方米的大卖场、仓储会员制超市和24小时营业、全年无休的便利店，填补了零售市场的空白。同时，在外资零售的影响下，许多上海本土新的零售企业也相继出现，如可的便利店、农工商超市等，形成了大卖场、超市、便利店和百货商场等多种业态并存的态势。

（一）外资零售企业争相进驻上海

1. 大型超市卖场——家乐福率先进驻上海

1995年的最后一天，上海第一家大型超市卖场——家乐福进驻上海曲阳社区购物中心，并于1996年正式营业。它由联华超市与法国家乐福合资成立，是当时国内最大的超市。合资的形式使两家企业互惠互利。对于联华超市来说，与家乐福的交流，缩短了本土连锁超市发展的进程。曾在联华超市担任新闻发言人的孙明说："我们会定期派店长去家乐福的门店学习，把先进的管理理念学过来。比如，家乐福是最早把现烤面包放在门店里的。面包一烤很香的呀，顾客就来了。所以后来我们也面包现烤。"而在联华超市的帮助下，家乐福得以顺利在上海拿下商业地产，布局各大门店。

1996年，家乐福第一家店在上海曲阳路开业时，一亮相便引来人

图4-14　家乐福曲阳店

图4-15　1995年9月家乐福刊登在报纸上的招聘广告

山人海,产生了极大的轰动效应。自开业以来,曲阳店以低廉的价格、卓越的服务、舒适的购物环境为整个上海零售业带来耳目一新的经营理念和购物概念,为促进上海大卖场的迅速发展起到了举足轻重的作用。麦德龙的开业也是如此,后来的农工商超市便学习和借鉴了它们的运营模式。

家乐福的"开心购物家乐福"和"一站式购物"等理念得到了广大消费者的青睐和厚爱。专业的管理技术和快速的盈利能力也得到了中方合作伙伴的积极肯定。家乐福总体的经营特点是推行平价超市、自助式购物、低价或折扣价和大批量地销售有限品种,新型经营模式成功地被中国消费者所接受。

家乐福的亮相标志着大卖场业态登上上海零售市场的舞台。大卖场出现后,各类农产品被集中到城市,能够被方便地购买。同时,随着市场经济的到来,居民收入快速增长,上海市民的平均收入在5年内翻了一番,人们消费的热情高涨。

2.仓储会员制超市——麦德龙中国首店在上海开业

1995年,麦德龙以90%的绝对占股比例与锦江国际(集团)合资,在上海成立了锦江麦德龙现购自运公司。这也是中国第一家获得政府批准、在多个主要城市建立连锁商场的合资企业。1996年,麦德龙在中国的第一个卖场于上海普陀区开业，地址位于沪宁高速公路入口处附近的真光路上。

　　在当时，麦德龙是仅次于家乐福和沃尔玛的全球第三大零售批发集团。麦德龙采用现购自运模式，现金交易、自选自运。人们在麦德龙超市内进行购物，需要自己取、运，并以现金的方式完成货款支付。这种经营模式高效便捷，将仓储与超市相结合，以零售的方式从事批发业务。相比传统的批发模式，直接省掉了中间批发企业所需要的仓库与配送中心，以一站式的模式，满足客户的购物需求，也解决了费用垫付、回款周期长所带来的资金压力。

　　与很多既做零售又做批发的超市不同，麦德龙对目标顾客限定严格，只面向零售商、机构采购者、餐厅和酒店等客户，不对普通消费者开放。这一决策不仅可以有针对性、有效地控制商品品类，还能够降低运营成本、提高经营效率。麦德龙采用会员制服务模式，这一模式能够有效了解客户的购买需求，从而及时调整采购方案，降低采购成本，提高商品管理的灵活性与主动性。此外，麦德龙还采用信息化的管理模式，使数据收集更加高效，覆盖了从采购到售卖所有流程的每一个环节，通

图4-16　1996年麦德龙刊登在报纸上的广告及招聘信息

图4-17　1990年代末期从超市购物归来的人们

过数据整合分析实现标准化的运营,让麦德龙在世界各地的门店从内外布置到运营操作都能和总部统一标准。

麦德龙超市因为商品价格便宜,受到了很多人的欢迎。人们去超市买东西,经常刹不住车。因为是会员制,一张会员卡会有多人在同时使用,常在亲朋好友中转借。在收银台排队时,常会碰到后面的人向前面的人借卡的情况。此外,商品的布局很像国外的超市,货架上也有专门卖国外商品的地方,这对当时的上海人来说很是新奇。

在以小卖部、杂货店、批发市场和百货商店为主要零售业态的时代,麦德龙的出现,无疑极具市场优势。例如,麦德龙的产品种类超过2万种,可以满足用户一站式采购需求;产品质量过硬,能进入麦德龙供应商名单的大多是国内的名牌企业和合资企业,而且麦德龙还有很多国外直采商品,生鲜食品也均来自国家机构认可的单位。也由此,麦德龙很快便在上海取得了显著的成效,同时给上海的零售市场带来全新的概念,在仓储业态上填补了空白。此外,正如百货商场的出现是对日杂小商店的革命,超市的出现是对百货商场的革命一样,现购自运模式的会员制超市对传统批发市场也无异于是一次革命。

3. 便利店——罗森便利店吸引众人目光

1996年2月,日本零售业的领导者——大荣公司与上海华联集团合作,成立上海华联罗森有限公司,罗森也成了最早进驻中国华东地区的外资便利店之一。同年7月,上海罗森1号店——古北新区店开业。至1999年年底,华联罗森在上海共开设了54家便利店。

罗森是日本最大的CVS(Convenience Store)企业之一。所谓的CVS,中文称之为便利店,具体来说是指在一个小商圈范围内,用开架

图4-18　1996年罗森在上海的第一家便利店开业

售货的方式，销售日常生活必需品、即需品，提供便民服务且长时间营业（一般为24小时）的小型商店。便利店是超市的补充业态，能够给消费者带来距离、时间、商品、服务等诸多方面的便利，满足消费者应急、便利的需求。虽然规模比较小，但却非常有竞争力。而在当时，上海还没有一家真正意义上的便利店。基于此，上海商界对罗森的评价和期望都很高，加之上海华联集团是中国零售业排名前列的企业，所以很容易就达成了合作。

　　罗森便利店内的食品种类繁多、包装精致，不仅提供三角饭团、汉堡、三明治、热狗棒、炸鸡腿、面包和盒饭等新产品，还有冰可乐、三得利乌龙茶等饮品。此外，还贴心地提供微波炉加热食品、热水泡面等便利服务。这种全新的业态，在当年的上海还很少见，刷新了上海人对产品和服务的认

图4-19　1996年罗森古北新区店开业广告

知。罗森便利店作为新兴事物,被贴上了"神奇""时髦"和"洋气"等标签。

为了提供盒饭、寿司和面包等方便食品,华联罗森还成立了专门的食品加工中心以及拥有冷藏、冷冻和常温设备的配送中心。在经营理念上,提倡"小型店铺,清洁卫生,便利,机动灵活,贴近生活"。此外,为了给顾客留下良好的印象,罗森的售货员都备有抹布等清洁工具,十分注意店内清洁。这些新颖的模式、理念和方法不仅刷新了消费者的认知,还受到了新闻媒体的广泛关注。由此,继第一家罗森便利店开业后,罗森就成了当时众多上海本土超市和便利店模仿的样板,各家新型便利店纷纷走进上海市民的视野。

(二)中资便利店、超市数量快速增长

1994年,上海市政府把发展100家超市列入城市商业规划和政府实事工程,推出投资贷款贴息、租金控制、主副食品(民生商品)销售退税等政策,以此来推动超市的发展和连锁方式的导入。次年,在上海顺利召开全国部分省市连锁经营座谈会,为便利店和超市的快速发展铺平道路。同时,随着连锁商业概念的普及以及就近购物需求的增长,国有企业和民营企业纷纷参与便利店、超市业态的开发,使这一市场迅速升温。

1995年可谓是"中国便利店元年",也是连锁超市和便利店发展的"大年"。借助政府政策的帮扶,便利店与超市乘上发展的快车,上海超市以每年100家门店、便利店以每年200家门店的速度增长,逐步形成了以华联、联华、农工商等大型连锁超市公司为主导的超市业态。便利店则在对原有粮油店、食品店、烟酒店等传统网点进行规模化改造中获得较快发展。

1. 粮食系统所属粮油店争相改造为便利店

1990年代中期的上海街头,更多的是由各区粮食系统所属粮油店改造的方便店、便民店和便利店。黄浦区粮食局在汉口路等处率先试点开设了4家连锁便利店。此后,为增加网点,形成规模效应,黄浦区粮食局、大丰土特产总公司、冠生园总公司以及王宝和总公司相继对粮

店、油酱店和食杂烟纸店等22家小型商业网点进行改造。与此同时，虹口区粮食部门也将11家粮油店改建为便利店。

在政府相关部门的大力推动和积极改革下，几年之内有近600家粮油店改建成便利店，一度占据上海便利店的半壁江山。但仅靠模仿而大规模改造的粮油便利店并没有兴盛太久，从1997年开始便出现了滑坡。当时《新民晚报》发表评论："上海的粮店改建为便利店以后，只不过拥有了一个现代化商业的躯壳，而没有装入现代化商业的灵魂。"即便如此，这样大规模的改造也为之后的现代便利店的发展奠定了基础。

2. 上海市本土连锁便利店——可的便利店在创新中求生

1995年1月，在外资便利店进入上海之前，上海光明牛奶公司率先将其所属做牛奶销售的许多"三产"小企业组合起来，开设了可的食品公司。

成立初期，便利店的经营模式深深困扰着可的。当时的可的门店以柜台式销售为主，仅从外观形象上就与便利店相差甚远，想改进却又苦于没有可参照的标准样板。直到1996年，日本罗森进入上海，这为可的和日后加入的其他便利店公司提供了一个很好的学习对象。经过悉心钻研，可的从学习到推广花费近一年的时间，完成对所有门店的全面改造。可的门店全部实行24小时、全年无休经营和开架自选式销售模式，建立起了可的便利店初期模型。

1997年初，在总经理邱源昶的推动之下，可的食品公司正式更名为上海可的便利超市有限公司，这也是上海本土第一个在法律意义上踏进便利店业态的公司。

便利店最大的特色是为消费者提供便利和服务，可的在开拓和提

图4-20　可的便利店

供特色便民服务上别具心思。上海市民多有订奶习惯,可的便利店看准机遇,发挥24小时服务的优势,利用自己的冷藏设备,相继在上海市所有门店推出"24小时订奶、取奶"服务。短短几个月,就吸引了数万订奶客户。该项服务不但方便了市民,吸引了客流,还提升了企业知名度。"远亲不如近邻,可的好便利"成为家喻户晓的企业标志,牛奶也从此成为可的便利店的主力商品。

在经营发展上,可的也不断在学习中创新,其加盟政策也成为便利店行业一景。"内加盟"政策的推行,是可的在实行特许加盟政策时摸索出的一条新路。它为公司内部员工尤其是门店员工提供了广阔的创业机会,让加盟者(门店员工)承担较少的投资来加盟可的。这实际创造的是一种双赢模式:一方面,公司为加盟者提供创业途径;另一方面,加盟者为公司创造更多销售额,减轻公司管理负担。"内加盟"政策的创新思维不但为企业谋利,也为社会创造了福利。

经过不断的改革和创新发展,到了1998年,可的便利店已超过50家,无论从管理、核算还是销售等各方面都有新的信息技术支持。至1999年年底,可的便利店已增至150家,成为当时上海市最具规模的一批连锁便利店。

3.艰难起身——农工商超市错位竞争

上海农工商超市有限公司创办于1994年,第一家连锁店于1995年1月18日开业。其前身是于1993年3月28日开业的亚美、向荣两家超市。农工商超市在成立之初,仅有一块农工商超市的牌子、200万元的注册资本、3辆车(2辆平板车、1辆载重0.6吨的客货两用车),以及48名员工。

图4-21　农工商超市的前身——亚美超市、向荣超市

农工商超市在创办之初，上海市区已有华联、联华超市，它们的规模、知名度远远胜过农工商超市。但是，总经理杨德新认准了一个道理：只要农工商超市找准发展定位，发挥自身优势，坚持市场创新，在市场竞争中抓住机遇，

图4-22　农工商超市第1店——江城超市开业

就一定能产生"滚雪球效应"。因此，面对资金实力雄厚的竞争对手，没有任何资源的农工商超市实施了一系列错位竞争战略。

在当时，超市行业内的主体业态是500平方米以下的小超市，超市内的大部分商品都是休闲食品和日用品，商品结构与居民日常生活的关联性并不强。针对这种情况，农工商超市第一家店的营业面积就有1 500平方米。1997年开拓的郊县市场，营业面积扩展到2 000平方米以上。同时，农工商超市确立了"顾客以民为本，产品以农为本"的经营理念，超市内的副食品一条街十分引人注目，蔬菜、水果、豆制品、奶

图4-23　农工商超市第118店

制品、冷冻小包装食品、猪禽蛋米、油盐酱醋等居民每日生活必需的商品应有尽有。此外,农工商超市还在行业中率先发展了以生鲜食品为主导的定位,当超市行业普遍接受生鲜主导战略时,农工商超市又做出了开设大卖场的战略决策,树立"卖场大、商品全、价格廉"的经营特色。

1999年1月17日,当时全国最大的综合型百货超市——农工商超市118店在上海金沙江路1685号开张。该店以"大、全、廉"为经营特点,营业面积1.8万平方米,经营品种3万余种,商品价格普遍低于同类超市,全面低价,天天低价,且每晚有七折优惠商品供应。宽15米、长160米的食品一条街与4 000平方米的室内菜场连成一体,体现了生鲜食品主导型超市的特点。休闲广场和农工商快餐店融购物、休闲娱乐于一体,快餐方便实惠,休闲广场闹中取静,别有一番情趣。

精准的定位和鲜明的特色,使得农工商超市迅速发展壮大,成了上海超市的三巨头之一,并在很长一段时间内,跻身中国连锁超市前五强。

(三)"四街一场"发展为"四街四城"

党的十四大报告明确指出:"尽快把上海建成国际经济、金融、贸易中心之一。"为了实现"全国最大的贸易中心"这一宏伟目标,上海从"大商业、大流通、大市场"的战略思想出发,大力发展批发业,同时加速发展零售业,合理安排零售商业网点,形成不同层次、适应不同消费需要的商业构成。这一战略思想推动着上海商业建设以前所未有的速度快速前进。一方面,新建浦东张杨路等市级商业中心;另一方面,改造升级南京路、淮海路等商业老街。1995年上海商业中心由原来的"四街一场"发展为"四街四城",即南京路商业街、淮海路商业街、四川北路商业街、西藏路商业街和豫园商城、新上海商业城、徐家汇商城、上海不夜城。

1. 南京路商业街

南京路是上海最早的一条商业街,拥有"中华第一街"称号。1992年起,南京东路、南京西路两段同时开拓发展,商业街范围扩大到南京西路(至静安寺为止)。结合当时的城市建设旧房改造项目,市区二级

图4-24　1993年的南京路

商业联动，对沿街店面进行大面积改造翻建。沿街店面原面积8 959平方米，改建后达到40 049平方米，增加营业面积3.1万平方米，扩大了3倍多。在改造翻建过程中，黄浦区首先落地"八大工程"，包括协大祥、长城、南洋、先施公司、曼克顿广场、电子商厦、中国照相馆和第一医药商店。到1994年，南京路商业街上的大部分翻新改造项目已建设完成，包括中联商厦、精品商厦、华联商厦、第一食品商店、海仑宾馆、东海商都、丝绸进口公司商厦、上海时装公司以及西段的摩士达、鸿翔、环球、万象帝王商城等大型商厦。随后，新世界城、梅龙镇广场、恒隆广场相继建成营业。这些商厦都配备了现代化设施，实施电脑管理，安装了自动扶梯和冷暖空调，购物环境堪称一流。

2. 淮海路商业街

淮海路商业街以高雅和精品著称，是与南京路齐名的购物天堂。1993年，上海第一条轨道交通线路——上海地铁1号线开通运营，锦江乐园站至徐家汇站双线开通试运营，并持续扩展线路。为了配合上海地铁1号线的兴建，淮海路继续扩大商业规模，建成了一批集购物、美食、游乐于一体的商业大楼。富丽华大酒家、国际购物中心、淮海

图4-25   1993年淮海路街头的广告

大厦等现代化综合性商业大楼拔地而起,遥相呼应。另外,淮海路商
业街还通过土地使用权有偿限期出让形式,大胆引进外资,瑞兴百货
(沪港)、华亭伊势丹(中日)、加州彩虹快餐(中美)等11家中外合资、
中外合作和外商独资企业陆续进驻淮海路。这一时期,淮海路上的专
业特色商店是主流,外资企业锦上添花,复古与时尚并存,淮海路一派
气象万千的景象。淮海路成了上海时尚之源,是"洋气"和"精致"的
代名词。

3. 四川北路商业街

四川北路商业街是仅次于南京路、淮海路的上海商业大街,商品
档次中高兼顾,商品的价位相对中低,是广大工薪阶层的购物天堂。
1990年代,四川北路商业街以店多、货广、大众化和实惠见长,有"看
看逛逛其他路,买买请到四川路"之说。1990年代初,上海市政府对
四川北路进行了大规模改造,新建了白厦宾馆、花城酒家,改建了新亚
大酒店等商厦。1995年,又对四川北路进行了全面改造,新建了虹口
商厦、福德广场、新凯福商厦等十余幢商业大楼。由此,形成了一条以
工农大众普通消费者为主要对象的"中档为主,兼顾两头"的现代商
业闹市。

图4-26　1990年代的四川北路商业街沿线街道

图4-27　1990年代的大世界内景

4.西藏路商业街

西藏路虽然不是上海最有名的街道，相比于其他三条商业街也显得沉寂和冷清了许多，但却是上海人都知道、都去过的街道。西藏路位于上海市中心城区，是一条南北向次干路，南起黄浦区的半淞园路，北至闸北区的柳营路，经过人民广场，并且与南京路、淮海路相交，承担着交通干道的功能。西藏路、南京路与淮海路的交叉口是上海"黄金十字路口"，曾有一位日本的商业专家到此考察时说，这是上海最有商业价值的地方。当时上海最大的室内游乐场——大世界，就坐落在西藏南路、延安东路交叉口。在1990年代中期，西藏路将"美食、旅游、娱

图4-28　1990年代的豫园商城

乐"作为自身的定位,新建了美丽华商厦等一批综合百货大店,形成了一条吃、穿、用、行、玩的商业闹市,这让昔日冷清的街道恢复了些许的活力。

5. 豫园商城

1992年起,南市区(原上海市辖区,范围包括上海老城厢的全部及陆家浜地区、浦东上南地区等)政府对上海最古老的集园林、庙宇、市场于一体的豫园商场进行了第二次修建改造(简称二期工程)。按照明清建筑风格,新建了悦宾楼、天裕楼、华宝楼、景容楼、和丰楼和老庙黄金新楼等商业建筑,配备现代化设施,外形气势恢宏、内部装饰气派豪华。同时,还修整了"一店一招"各具特色的小商品街,以适应游客"吃吃看看白相相"的需要。豫园商城整体上集中了"小"(小商品)、"土"(土产品)、"特"(特色商品、特色点心)的经营特点,被称为"小商品王国""小吃王国"。同时,以老庙黄金为主,发展了黄金饰品、珠宝玉器等经营业务。当时,豫园商城内有10多家商店300多个专柜,经营各种黄金饰品和珠宝玉器,是上海最大的黄金市场。1995年,豫园商城股份公司所属134户商店,销售总额达20.36亿元,同比增长

43.5%，居上海市第3位。

6. 新上海商业城

新上海商业城坐落在浦东新区陆家嘴金融贸易区内，东起崂山东路，西至浦东南路，北起商城路，南至张扬路。1990年代初，浦东开发开放推动了上海商业在浦东新区的发展。1992年，上海市

图4-29 1990年代的新上海商业城全景模型

商业委员会根据"统一开发、统一规划、各自设计、分别建设"的原则，组织上海市众多政府相关部门和公司，并吸引日本、英国以及港台等地的企业集团选址浦东张杨路，开始投资建设新上海商业城。总体规划共18幢楼宇，实际建筑总面积为788 363平方米，总投资615 839万元。1992—1994年，三鑫世界商厦、华诚大厦、上海服饰中心、福使达大厦和内外联大厦五个项目先后建成开业。1995年底，全国第一家中外合资大型百货零售企业——上海第一八佰伴新世纪商厦建成开业。至1996年底，已建成开业和具备条件开业的共11家。这些商厦都配备自动扶梯、电脑等现代化设施，成为上海一个新兴的市级商业中心。

7. 徐家汇商城

徐家汇商城于1990年代初开始兴建，建成了一批建筑风貌各具特色的大型商场，包括上海市政府批准的首家沪港合资的以经营高档现代化商品为主的东方商厦、徐汇商城与台湾商人合资的太平洋百货、经营中档偏高商品且适应普通消费者需求的中兴百货公司和六百实业公司、以中档为主兼营大众化小商品的汇联商厦，还有大千美食林、西亚大酒店以及150余家中小型日用品、餐饮服务业等商店。徐家汇商城处于上海西南枢纽地区，地下（地铁）、地面、高架形成立体交通网络，四通八达，人流如潮，成为上海又一个新兴的市级商业中心。

8. 上海不夜城

上海不夜城是上海在第八个五年计划期间开发建设的第三产业重

大项目,正式名称为"铁路上海站中央商业设施"。该项目位于铁路上海站南广场,占地2.55公顷,东与上海站出口相通,西临恒丰路,南接天目西路。项目建设了四星级新亚广场大酒店、新亚长城大酒店、名品商厦、心族商厦,与铁路上海站东侧的环龙商场等汇成一个新商业城,商业城内高、中、低档搭配,大、中、小店成群。1995年,该商业城内由中日合资的上海佳世客公司建成不夜城商厦,不夜城商厦是集百货零售、餐饮娱乐、办公商务于一体的银座式大型企业,总面积达3万余平方米。不分昼夜是这个商城的主要特色,故称不夜城。

整个1990年代,南京路、淮海路、西藏路、四川北路以及豫园商城、新上海商业城、徐家汇商城、上海不夜城等地,都是百货集中地。新型现代百货百花齐放,百货商店档次不一,商品琳琅满目,店堂里摩肩接踵。这一时期的繁荣是由长期物质匮乏到丰富的过程和源源不断地流入进口商品引发的。

四、快速发展阶段：走上蓬勃发展快车道（1997—1999年）

（一）港资助力购物中心涌现

1990年代后期，港式购物中心和高层甲级写字楼模式被引入上海，其项目多定位高端，主要集中于上海市区重点CBD商圈。而这一时期经济和城市建设迅速发展，零售业和房地产业交融发展，为上海购物中心爆发式增长提供了基础。

1. 上海第一家真正意义的购物中心——梅龙镇广场开业

1997年，南京西路商圈最早的商场——梅龙镇广场开业。当人们还不知道什么是购物中心的时候，梅龙镇广场就将Shopping Mall的概念展示在了消费者面前，开启了上海零售业的购物中心时代。梅龙镇广场同时也是中国最早的一批购物中心之一。

梅龙镇广场由香港和记黄埔地产有限公司、长江实业（集团）有限公司以及上海梅龙镇（集团）有限公司联合投资建设，总建筑面

图4-30 梅龙镇广场

积约12万平方米。整栋建筑共有37层,地库首层至10层是购物商场,11层是一个设计巧妙的屋顶花园,12—37层是甲级办公楼。

梅龙镇广场不仅引进了一批主力商家,如日本的伊势丹百货、Burberry和Givenchy等专卖店,还汇集了百佳超市、大食代美食广场和众多特色餐饮业态。此外,还引入了现代化、娱乐性与艺术性相结合的多厅影院——环艺影城,环艺影城自开业后,连续三年刷新了中国电影市场独家影院的票房纪录。商场里既有高端的奢侈品,又有物美价廉的大众品牌,既能满足各阶层的购物需求,又能满足娱乐和艺术需求,真正融合了吃喝玩乐于一体,成为当时上海购物中心的代表。

梅龙镇广场的购物环境也是首屈一指的,在设计上敢于牺牲大量营业面积而将购物氛围放于首位。整栋建筑设计采用现代经典设计概念,融合典雅瑰丽的欧陆设计风格,外观以柔和浅杏色为主,配上雅致的几何图案,是上海现代建筑艺术的典范。建筑的内部还设计了一个巨大的中庭,从底层一直延伸到第7层。一走进梅龙镇广场就有一种辉煌、大气的感觉。

在开业后的运营中,巨大的中庭发挥了积极的作用。梅龙镇广场利用这一中庭,举办了多次大型活动。当人们还没有选美概念的时候,梅龙镇广场就连续举办两届青春大使选拔赛,获得了很好的效果,从此梅龙镇广场拥有了自己独特的品牌形象。

2. 上海第一家超大型购物中心——港汇广场隆重开幕

1999年12月28日,上海港汇广场在徐汇区虹桥路隆重开幕,港汇广场后来改名为港汇恒隆广场,是香港恒隆集团在内地的首个项目。在投资主体上,港汇广场是由上海徐家汇商城(集团公司)与香港恒隆集团、恒基(中国)投资公司和希慎兴业公司共同组建的合资企业,项目当年总投资5亿美元。

从1990年代末到21世纪初,百货商场、超市和便利店在上海零售业中仍占据统治地位,购物中心还处于萌芽阶段。彼时,港汇广场的开幕具有划时代的里程碑意义。

港汇广场开幕后,凭借创新摘得当时上海乃至全国商界多个第一:上海第一个室内主题街区、第一条室外欧式风情餐饮街、第一家引

图4-31 港汇恒隆广场

入高科技的大型乐园、第一个经SGS英国雅斯利国际认证服务机构的评估论证获得ISO9001国际管理体系证书、第一个直接联通地铁站的购物中心，以及第一个13万平方米以上的大型购物中心。

　　作为室内主题街区的开创者，港汇广场创造了最早的弄堂主题室内怀旧文化街区，将港汇广场的原址——徐镇老街的特征浓缩呈现，石库门、石拱桥和水井等上海旧景活灵活现地展现在人们的眼前，具有上海特色的食品、饰物、器皿和刀具也可以任意挑选。

　　此外，港汇广场还采用全新概念，偏重国外新型模式。在定位上，在周边均是百货商场的情况下，港汇广场将自身定位为中高端、一站式的综合体商业；在规模上，商业体量高达13万平方米，是上海市中心区域规模最大的购物中心；在业态上，为了迎合现代消费理念，港汇广场的业态组合非常丰富，业态功能齐全，不同业态的比例大约为：百货20%、品牌专卖店25%、超市12%、休闲餐饮20%、文化娱乐20%、配套服务3%，集购物、餐饮、娱乐、休闲、旅游、服务于一体，产生了巨大的消费聚集效应；在公共空间上，注重大空间、公共通道等场景的打造，商场设有升降梯和手扶梯多达94部；在商业结构上，地下1层为大型超市，1—4层有富安百货公司，5—7层有休闲、娱乐和餐饮，共有230余家品牌专卖店；在服务上，在当时私家车还不多的情况下，港汇广场就打造了1 400个地下车位，这在当时是一大创新举措，曾轰动一时。经过一系列的创新，港汇广场已成为现代购物中心的典范，一直引领着业界风尚。即使在今天，也仍然是上海位居前列的超大型购物中心之一。

（二）中资连锁便利店整合、重组后展现新局面

1990年代末期，上海连锁便利店已从量的扩张进入质的改变阶段。外资便利店的进驻，以及人们生活品质的不断提升，推动着上海本土连锁便利店、超市通过整合与重组获得新生。良友便利店率先发力，梅林正广和85818紧随其后，与可的、联华和华联罗森形成了"五虎争霸"的局面。

1. 良友便利店后来居上

1998年9月，应国务院关于深化粮食流通体制改革的决定和市政府的有关要求，上海市、区粮食部门联手组建了良友连锁便利店公司。同年11月26日，首批门店开张，之后便以每月10家店的速度飞速扩张。1999年新开门店145家，2000年新开门店178家，2001年新开门店

图4-32　1998年的上海街头

136家,至2001年底,新开门店累计达496家,在上海便利店行业中名列前茅。门店数量的急剧增加使得规模效应逐步显现,也为良友便利店的发展奠定了良好的基础。

为了取得快速发展,良友便利店还采取了地毯式开店的方式,集中在若干区域开设门店。例如,自1998年11月26日至1998年底,在不到40天的时间里,在徐汇区连续开设了17家良友便利店。通过这一方式,成功吸引了消费者的关注,认知度逐步提高。

与此同时,良友便利店还收购了大量的网点,包括由海狮连锁公司管理的8家门店和百货公司停业的24家门店,在重新装修和改造后,由良友便利公司经营。一次又一次的大规模收购,引起了同行的关注,同时也进一步提升了企业的竞争力,提升了品牌价值,成为便利店行业的后起之秀。

2. 梅林正广和85818网上购物公司成立

梅林、正广和是经历过百年风雨洗礼的两个响当当的品牌,梅林是食品制造加工企业,正广和是饮料生产企业。1990年代初期,两家企业经营不善,濒临破产。1994年两家企业共同开发饮用水项目,获得新生。1997年底,两家企业整体合并,拥有梅林、正广和、光明三个品牌,面临重组和产品结构调整。在充分评估和分析后,饮用水配送网络和

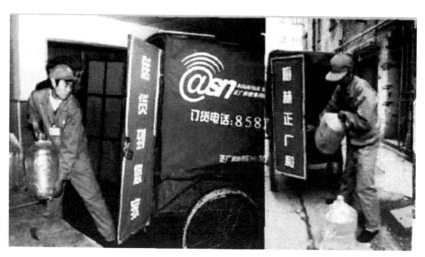

图4-33　梅林正广和85818黄鱼车

40多万客户群引起了领导的高度重视。1998年6月12日,饮用水公司的电话订货中心和配送体系被剥离出来,成立正广和网上购物有限公司。1999年1月1日,85818购物热线电话开通,在上海家喻户晓,但此时的网上购物实际上是电话网络购物。随着业务的不断扩展,每月发放产品目录的成本越来越高,也难以满足消费者的个性化需要。2001年1月,85818.com.cn网站开通,实现了真正意义上的网络购物,开始向电子商务转变。这对于梅林正广和与上海的零售业来说,都具有里程碑意义。

到1999年底,饮用水仍然是85818网络销售的主要业务,但是与1998年相比,在新增的18万客户中,有2/3购买了网上提供的其他食品,因而,原先设想一年以后再放到购物网中销售的日用消费品,提前出现在85818每月一期派发给客户的商品目录中。那些揣着送货单的工人蹬着印有"梅林正广和"和"85818"字样的三轮车,在上海的弄堂里进进出出。到过上海的人,只需要在街巷里走一走,就能看见梅林正广和的三轮车,上海人称之为"黄鱼车",取其能自由出入窄街小巷之意。过去对国有企业不屑一顾的跨国集团,如百事可乐、联合利华等公司也因此态度大变,主动找上门来,希望能够利用这个网络销售产品。这说明梅林正广和85818这一购物网络能够承载更多商品,服务更多客户,有更大的发展潜力,已经能够作为一种独立的业态存在了。

1990年代末期,虽然国外的电子商务已逐渐发展起来,但国内对于电子商务的概念还很陌生,仅停留在对于互联网这一概念的了解上。梅林正广和85818网上购物公司走在了互联网销售的前沿,借助送水网络,从电话订购到互联网订购,逐渐摸索出了零售商品网上订货和配送模式。这在当时是很前卫,也很难得的一件事情。1999年10月,梅林正广和85818网上购物公司被评为上海市高新技术企业。

3. 连锁便利店"五虎争霸"

1997年,上海的零售专家顾国建教授和上海可的便利店公司的总经理邱源昶先生在《文汇报》上发表了一篇题为《上海进入了便利店规模发展期》的文章,这篇文章立即在上海的连锁商业中激起了反响,许多超市公司甚至当夜召开会议研究发展便利店的事宜。上海超市三巨头中的联华超市公司当即决定成立便利店公司,华联超市公司将发展便利店的报告向上级公司做了请示,农工商超市也决定发展便利店。

在这篇文章发表之前,上海只有可的一家国有便利店公司。1997年11月27日,联华超市成立联华便利有限公司。1998年9月,上海粮油集团成立良友便利有限公司。1998年,梅林正广和集团收购了小豆苗便利店,成立梅林正广和85818网上购物公司,之后便开始发展网上购物和便利店业态。2000年,农工商超市成立好德便利有限公司,并于2001年开设了第一家便利店。

到2000年底,上海共有标准便利店约1 200家,是全中国发展速度最快、规模最大、经营质量最好的地区。其中可的便利店公司、联华便利店公司、良友便利店公司都发展到各具有约300家门店的规模,梅林正广和85818也达到约150家。可的、联华、良友、梅林正广和85818,再加上华联罗森成了当时上海便利店的主导品牌,在很长一段时间内显现出"五虎争霸"的局面。

（三）现代新技术走入零售业

1990年代末期,POS计算机系统和电脑管理系统已经开始在零售商店得到普及,信用卡开始在主要商业街推广,商品的条形码普及率也在提高。在外资、港资等先进管理技术和经验的驱动下,上海零售企业积极采用国际规范、自动化技术和信息技术。计算机、互联网和自动化等新技术开始在零售业中显现,催生出了网络销售、无人零售等新型业态。梅林正广和85818网站是上海乃至中国最早出现的网络销售平台之一,而自动售货机是上海街头最早出现的无人零售业态。

现代意义的自动售货机最早诞生于20世纪五六十年代,早期发源于

图4-34　上海市民在自动售货机前

欧美等经济发达的国家,但却在日本发展得最好。日本国土面积小,资源匮乏,人力成本高,这些都为自动售货机带来了非常好的生长环境。到1980年代,自动售货机已经在全世界近50个经济较发达的国家取得了迅速发展。

中国的自动售货机起步较晚,直到1993年,上海、广州等地才开始零星出现一些来自日本、美国、韩国的二手自动售货机。初入中国时,这一新型销售模式吸引了大量消费者的兴趣,在自动售货机前排起了长队。但当时人们并没有随身携带硬币的习惯,且自动售货机的价格偏贵,使用困难,经常有损坏或失灵的状况,因而并没有发展起来。直到1990年代后期,中国本土的智能存储柜研发公司以及与自动售货机相关的技术和科研团队开始出现,自动售货机才又重新走上街头。

1998年9月,自动售货机悄然进入上海百姓的生活。此后,在房租节节高涨成为零售业的第一大成本、人力成本也愈加高昂的形势下,无人值守、24小时运营的特性让自动售货机在上海乃至全国快速发展起来。

(四)外资、港资零售企业持续进驻上海

在上海已有的连锁超市和便利店大量重组、不断探索新技术、掀起新一波浪潮的同时,外资、港资零售企业也持续进入上海。

1997年,韩国大型综合超市易买得中国首店在上海曲阳路开业,开业伊始就开创了中国大卖场单店连续盈利的纪录;华润时代广场在新上海商业城第一八佰伴对面登陆,是香港华润集团在内地的首家购物中心;泰国易初莲花(现卜蜂莲花)在上海浦东开设第一家合资店铺,是正大集团下属的大型连锁超市;沪上第一家港式小型社区购物中心——打浦桥香港中海集团海兴广场盛大开幕,引入了嘉禾影城、TOPS顶顶鲜超市和麦当劳等主力店。

1998年,新加坡美罗集团投资建设的美罗城在徐家汇开门迎客,是上海第一家"地铁上盖"购物中心,以及首家以男性商品为特色的主题购物中心,购物中心内引入了百脑汇数码城、音响城、思考乐书局和柯达影城等主力店。

1999年，法国欧尚进入中国市场，在上海杨浦区开设了第一家大型卖场。

……

纵观1990年代，上海率先进行市场化经济改革，采用开放的心态积极引进外资、港资，吸引先进的零售企业持续进驻上海。这一系列大胆的改革措施，推动了上海零售业的变革与发展。面对外资、港资等新兴零售企业的到来，上海本土零售企业也在上海市政府的大力扶持下在逆境中灵活应变、创新求生，并积极采用新技术，这为中国本土企业在21世纪中掌握主导权奠定了良好的基础。

第五章

新异日月

（1999—2021年） >>>

引　子

　　上海零售业的发展是中国零售业发展的一个缩影。以南京路上先施、永安、新新、大新"四大百货公司"为代表的传统百货是上海零售的1.0时代。20世纪90年代，随着"超级市场"的新业态进入中国，百货、超市、便利店、专卖店等多种业态并存，这是上海零售的2.0时代。2003年，随着淘宝的出现，电子商务时代到来，中国零售业进入了电商与移动支付的3.0时代。对于上海零售业来说，一个机遇与挑战并存的新时代开始了。

一、加入WTO的前夜
（1999—2001年）

（一）开放的变革

在我国加入WTO前夕，1999年6月国家经贸委、外经贸部颁布了《外商投资商业企业试点办法》，这标志着国内商业，尤其是零售商业的对外开放迈出了重要一步。与此同时，上海的内资零售企业为外资零售巨头的即将进入做了充分准备，从资本、市场份额、人力资源等方面积极储备，以抵御此后外资零售巨头的冲击。

（二）电商的萌芽

电子商务是以数字通信作为基础，通过网络完成商品的交易，它可以突破时空限制，改变贸易形态。1998年全球中小企业对企业的电子商务交易额达到430亿美元，比1995年增长85倍。电子商务在中国经济发展中的作用越来越凸显。

表5-1　1997—2001年中国网民数量

截止时间	1997年10月	1998年6月	1998年12月	1999年6月	1999年12月	2000年6月	2000年12月	2001年6月
中国网民数量（单位：万）	62	117.5	210	400	890	1 690	2 250	2 650

数据来源：CNNIC。

　　1999年1月上海书城开通了网上书店，是国内第一家采用全球最新、最安全的电子交易标准的网上书店。此外，上海还涌现出许多电商企业，例如东方钢铁电子商务有限公司（简称东方钢铁）。东方钢铁成立于2000年，由宝钢投资组建，注册资金8 000万元。东方钢铁是协助钢铁企业实现电子商务战略、提供平台运营支持及增值服务的B2B网络商。

图5-1　东方钢铁介绍

　　除了电商零售平台，在这个阶段，上海还出现了百联电子商务有限公司、上海大宗钢铁电子交易中心有限公司、上海家化股份有限公司、上海钢联电子商务有限公司、上海爱姆意机电设备连锁有限公司等电子商务企业。

二、加入WTO后的变革
（2001—2017年）

（一）波澜壮阔的十年

2001年12月，中国正式成为世界贸易组织（WTO）中的一员。2001—2010年，我国对外贸易进出口总值增长6倍，连续两年成为世界货物贸易第一出口大国和第二进口大国，同时成为日本、韩国、澳大利亚、东盟、巴西、南非等国家和地区的第一大出口市场、欧盟的第二大出口市场、美国和印度的第三大出口市场。"中国制造"紧紧抓住这黄金十年，把产品销往世界各地。在全球经济发展疲软的情况下，"中国制造"发挥了规模和成本的优势，直接提升了其他国家和地区的购买力。有统计称，在这十年里美国就通过购买"中国制造"节省了6 000多亿美元。

在中国刚加入世贸组织时，学者龙永图曾告诫国人"中国入世的最大风险是对游戏规则的无知"。而当时上海却已悄然开始了零售市场份额的争夺战。复旦大学教授华民说："入世这十年，是上海'失去的十年'，也是'赢取的十年'——有主动的放弃，更有积极的赢取。"上海是中国开放型经济的桥头堡，上海把全球与中国内地产业链结合起来，上海也成为国内最活跃的金融结算、货物航运和转口贸易的口岸。零售业是全面开放的行业，根据我国加入WTO时的承诺，中国零售业将全面向外资开放，大批诸如沃尔玛、家乐福、麦德龙的国外大型零售巨头将会进入中国零售市场。入世后，麦肯锡曾经预言："在未来的3—5年, 中国60%的零售市场将由3—5家世界级零售巨头控制, 30%的市场将由国家级零售巨头控制, 剩下不到10%的市场则掌握在区域性零售巨头手中。"上海连锁经营研究所副所长吴建国也曾坦言："国内零售企业近几年虽然也在拼命发展, 但是从经济效益来看, 还是和外资企业有一定差距。如外资企业每平方米的销售额是3万元左右, 国内企业的数据则是2.5万元/平方米—2.7万元/平方米。外资企业进入速度不断加快的同时, 也对提高我国流通现代化发挥了重要作用。同时, 外资零售企业也加快其在国内零售的并购步伐, 一场并购大战一触即发。"

根据我国入世承诺, 从2001年底起的三年保护期内, 拥有3家以上分店的大型超市连锁企业必须由中方控股, 但是这一限制却被逐渐突破。在上海, 几乎1/4的大型超市是外资的。2004年底, 零售市场对外资全面开放后, 外资加速了在国内市场的布局, 外资零售能获得更多税收、土地使用等优惠条件, 这更加激发了其扩张的动力。其实, 我国曾对外资企业的违规扩张发布过禁令。2001年, 我国对上海58家外资企业未经批准就进入中国市场的行为进行整顿。这既在一定程度上限制了外资零售的扩张速度, 也给了内资零售企业喘息的时间。2001—2003年, 内资零售业不断加速扩张, 逐渐减小了其与外资零售企业之间的差距。

事实上, 在我国加入WTO的三年过渡期内, 我国只允许国外投资者与国内企业以合作方式进入中国市场。例如, 家乐福公司在上海的投资就是通过与上海联华公司合资成立的联家公司。这样保障内资企业能够向外资企业学习先进的零售管理和运营经验, 为今后内资零售企业赶超外资零售企业打下基础。

在我国加入WTO前及加入后的三年过渡期内, 内资大型零售企业在限定的时间内极力缩短与国外跨国零售巨头的差距。内资零售企业主要采取了股票上市、规模扩张和并购策略, 加强自身实力。2000年, 上海连锁超市上海华联公司实现了上市目标; 2003年, 上海最大的连锁超市企业上海联华公司在中国香港上市。这些公司的上市在一定程度上缩小了内资零售与外资零售巨头之间的差距, 具有一定的战略意义。这期间，上海的连锁超市也通过不断并购使自身规模不断扩大。为了能在零售市场上与外资企业分庭抗礼，就要做大、做强内资零售企业。2003年4月，在上海市政府的主导下，上海四大国有商业集团——上海一百集团、上海华联集团、上海友谊集团和上海物资集团合并成立"上海百联集团"。合并后的上海百联集团总资产达280亿元人民币，拥有6家上市公司，力争成为"中国第一、世界一流的流通产业集团"。

在中国入世的第三年，即2004年12月，对于外资投资零售业，除了一些特殊零售行业以外，取消了在数量、股权等方面的限制。这样一来，外资可以通过增资获得合资零售企业的控股权，也可以在中国直接设立独资零售企业。当时舆论都说"狼来了"，在强大的外资零售面前，内资零售企业将受到史无前例的冲击。但是，内资零售企业，特别是上海零售企业却在今后的几年中磨砺前行，不断创造着新的辉煌。

其实，各个零售巨头不断的并购和扩张势必会造成寡头垄断。2008年8月1日，《反垄断法》正式实施，意味着企业利用市场垄断地位操纵价格、经营者集中、滥用市场支配地位等行为都将被视为违法，这对于促进零售业整体健康、有序发展，并且进一步破除市场竞争中的不公平现象，有着积极的作用。

自2010年12月1日，我国对境内的外商投资企业、外国企业及外籍个人征收城市维护建设税和教育费附加，这标志着改革开放以来，在华外资企业一直享有的税收"超国民待遇"宣告结束，外资零售的优惠条件已经大不如前。

 周勇（上海商学院工商管理学院）：从2004年12月11日起，中国零售业全面对外开放。在这个阶段，内资零售企业发展的原动力来自经营者自身的认知与期望、学习力、创新力、控制力和影响力，这也是推动中国零售业发展的核心动力。我国零售业在与外资竞争的过程中，善于学习，向麦德龙学，向家乐福学，向沃尔玛学，敢想敢为，勇往直前。这种积极向上的学习精神推动了我国零售业走向繁荣。由此，中国零售业进入一个"外资由快变慢""内资由慢变快"的发展新时期。

（二）十大商业中心的起步

2000年，上海以包容万象的姿态容纳各国优秀的商业资源，上海十大商业中心——环球港、中山公园、豫园、四川北路、五角场、陆家嘴、淮海中路、南京西路、徐家汇、南京东路——也在随后十年里逐步建成。

1. 环球港

亚洲最大商场——上海环球港坐落于上海市普陀区与长宁区交界处，东接凯旋路，西邻中山北路和内环高架，南靠宁夏路，总面积48万平方米，并拥有上海最大的3万平方米的屋顶花园，同时也是配置停车位最多的购物中心，多达2 200个。与靠地段优势上位或者店大货全取胜的购物中心不同，环球港独特的"商、旅、文"三位一体的商业模式，为消费者创造了购物之外的诸多价值。

环球港定位大商业，涵盖时尚品牌、精品餐饮、文化休闲、娱乐健身、办公、五星酒店、展览演出等，还引入4D影院、剧场、溜冰场、健身房、spa、书店、儿童游乐场等，这些设施共同构成了完整的购物体验消费链和商旅文结合联动发展的大平台。其规模优势使得环球港成为上海业态最为丰富、组合最为多元、消费体验最具个性化的购物中心，呈现给人们的不仅仅是一处普通的消费购物场所，更是世界名牌的集聚

图5-2　上海环球港

地,网罗了涵盖时尚服饰、休闲娱乐、名表珠宝、皮鞋皮具、美容及化妆品和精品餐饮等多元化国际和国内时尚品牌。

2. 中山公园

中山公园,又称兆丰公园,坐落于上海市长宁区长宁路780号(近定西路)。中山公园是1914年英国人兆丰在沪时建立的,是当时上海最负盛名的公园。公园的主要风格是英国式自然造园风格,是上海原有景观风格保持最为完整的老公园。公园附近有两个大商场——龙之梦购物中心和巴黎春天。商圈以中山公园为核心,建成了大片绿地和城市标志性高层建筑,并集聚了一批大型百货商场、主题商厦。

图5-3　中山公园龙之梦

3. 豫园

豫园位于黄浦区,旁边有城隍庙和商店街等游客景点,地处上海市老城厢的东北部,北靠福佑路,东临安仁街,西南与上海城隍庙毗邻,是全国重点文物保护单位。豫园具有丰厚的文化底蕴、浓郁的民俗风情、鲜明的经营特色。现在豫园商城已发展成为集黄金珠宝、餐饮、医药、百货、食品、房地产、进出口贸易、金融投资等产业于一体、多元发展的国内一流综合性商业集团和上市公司。其经营业绩连续十年名列全国大型零售企业第一位,跻身中国500最具价值品牌。豫园商城集中代表了当今时尚消费的发展方向,充分体现了引领时尚消费的经营特色,

图5-4　豫园

有效满足了各消费阶层的消费需求,商城客流充裕、人气旺盛,已然成为上海的一道亮丽风景。

4. 四川北路

20世纪90年代初,上海市政府对四川北路进行了大规模改造,建造了壹丰广场、利通广场、凯鸿广场、嘉杰国际广场、巴黎春天等商场,发展至今已成为上海一条独具特色的"面向工薪阶层的商业大街"。四川北路被认为是仅次于南京路和淮海路的第三大商业街,同时也是上海最长的商业街。

四川北路迎合了上海市民讲究"实惠"的心理,与追求豪华消费的淮海路和追求名店栉比的南京路形成了鲜明的对照,充分体现商业个性,面向广大工薪阶层,是百姓购物的首选之地。一句亲切而实际的口号——"走走逛逛其他路,买买请到四川路"体现出了四川北路商圈的特点。但是,由于各种因素的影响,特别是其他诸如徐家汇、五角场等新兴商圈的迅速崛起,使得四川北路如今已不复昔日辉煌。改建后的四川北路以高品位、中低价的商品和现代电子技术的服务,加上进驻四川北路的一批著名的商贸企业结合周边人文景观建设起来的现代文化旅游和娱乐设施的特色,吸引着越来越多的市民和国内外的游客。

图5-5 四川北路

5. 五角场

五角场是上海四大城市副中心之一。随着现代化商务设施、交通、生态等的不断发展，区域整体优势随之完全凸显，已发展成为北上海商圈乃至整个上海最繁华的地段之一。五角场商圈已成为上海市近两年

图5-6 五角场

来人流最多、人气最旺的商圈之一,拥有万达广场、合生汇国际广场、百联又一城、东方商厦、苏宁生活广场、巴黎春天等商场,是集购物、休闲、餐饮、科技、健身于一体的商业中心,毗邻复旦、财大等大学校园以及众多居民区。五角场环岛周围商业主要集中在翔殷路、黄兴路、四平路、邯郸路至政通路区段,依功能定位划分为四平路文化餐饮街、淞沪路休闲健身街、邯郸路科技文化街、黄兴路购物休闲街和翔殷路休闲街,形成一个人群相对比较集中的商业综合区,汇聚了众多大体量的商业项目。

6. 陆家嘴

陆家嘴位于上海市浦东新区的黄浦江畔,隔江面对外滩,是中国长江经济带国家级金融中心,众多跨国银行的大中华区及东亚总部所在地,是中国最具影响力的金融中心之一,还是上海最具魅力的地方,更是中外游客到上海的必游之地。

目前陆家嘴有100多座摩天大楼。1990年开发开放浦东后,在上海浦东设立了中国唯一以"金融贸易"命名的国家级开发区。陆家嘴商圈附近汇集了很多商场,例如国金中心、正大广场、上海国际金融中心、第一八佰伴、华润时代广场、新大陆广场、新梅联合广场等,是上海最主要的商务中心。随着浦东开发开放不断向纵深推进,上海浦东已形成以陆家嘴功能区域为载体,具有区域集聚辐射服务功能的核心商圈。

图5-7　陆家嘴

7. 淮海中路

淮海中路位于上海市中心，东起西藏南路，西至华山路，全长约2.2千米。南连上海新天地休闲商圈、思南公馆区域、打浦桥商圈和上海文化广场，北邻花园饭店、锦江饭店高档宾馆区，是上海最繁华的商业街之一。淮海中路建立于1900年，初名叫西江路。1950年5月为纪念淮海战役胜利，改名为"淮海中路"。

淮海中路与上海市南京东路、衡山路、荣乐东路、福州路、四川北路有着同等的口碑地位。它是全上海公认的最摩登、最时尚、最有腔调和情调的街道。淮海中路林立的现代化建筑、时尚名品荟萃、温馨典雅的购物环境、众多高档餐饮娱乐名店以及优越的酒店服务使百年淮海路成为众人眼中华贵雍容的购物天堂。周围的主要商场有K11、IAPM、百盛、巴黎春天、时代广场、力宝广场、太平洋百货、东方商厦、香港广场、新天地时尚等，顶级品牌居多，属于兼备老上海风情和法式优雅的购物消费天堂。

图5-8　淮海中路

8. 南京西路

南京西路是被称为"中华商业第一街"南京路的西半部，跨黄浦、静安两区。南京西路拥有恒隆广场、中信泰富、梅龙镇、德丰广场、越洋广场、嘉里中心，是中国奢侈品最集中的地区，也是各大品牌的总部所

图5-9 南京西路

在，聚集知名品牌高达1 200多个，其中国际品牌750多个，并且国际上80%的顶级品牌都在这里开有旗舰店或专卖店，因而南京西路商圈被称为当今沪上最高档的购物场所之一。

9. 徐家汇

徐家汇是上海中心城区内的四大城市副中心之一，徐家汇商业街曾经地处市郊接合部，是随着住宅区的兴起和有轨电车的开通而逐步

图5-10 徐家汇

形成的。现在的徐家汇商圈拥有港汇恒隆广场、美罗城、汇金百货、太平洋百货、太平洋数码、百联徐汇、六百、东方商厦、永新坊、飞洲国际、宜家等商场。区域内的电脑市场分布十分密集，商品十分丰富，消费群体广泛。同时，区域内也经营许多奢侈品、中高档服饰、娱乐产品，交通发达，以服务本地消费者为主。

10. 南京东路

南京东路是上海十大商业中心之一，位于上海市中心，南京东路的大店和名店林立，百业兴盛繁荣，各式商厦、优秀建筑聚集交汇，中西方文化相互融合。正是这种多样性的包容与互相渗透，涵盖古今中外精粹，拥有海纳百川的博大胸怀，使南京东路充满勃勃生机，展现出它百年来的繁华。南京东路有新世界百货、大悦城、来福士、新世界大丸百货、恒基名人购物中心、百联世茂、第一百货、353广场、置地广场、宏依广场、迪美购物中心、外滩源等十余家商场，被称为中华商业第一街，沿街聚集了大批综合性商行、餐厅、饭馆、茶坊不计其数，大型综合型商场多如牛毛，娱乐场所众多。

图5-11　南京东路

（三）市级商业中心的扩增

2010年上海成功举办世博会,让世界都认识了上海这颗"东方明珠"。伴随着上海越来越迅速的经济发展,近十年来商业中心又增加了五个——国际旅游度假区商业中心、虹桥商务区商业中心、新虹桥—天山商业中心、大宁商业中心、真如商业中心。

1.国际旅游度假区商业中心

上海国际旅游度假区位于上海浦东中部地区,包括上海迪士尼一期主题乐园及配套设施项目。该区域围绕上海建设世界著名旅游城市的发展目标,重点培育和发展主题游乐、旅游度假、文化创意、会议展览、商业零售、体育休闲等产业,打造现代服务业高地,并整合周边旅游资源联动发展,建设能级高、辐射强的国际化旅游度假区。

图5-12　国际旅游度假区商业中心

2.虹桥商务区

上海虹桥商务区位于上海西南部,率先建设全国首个5G示范商务区,同时也为区内入驻的汽车企业实验无人驾驶、车联网应用创造了条件。虹桥商务区作为上海的新城区之一,除了发挥本身的会展、商务、枢纽功能并推进贸易便利化以外,小尺度街区、商业购物中心林立,演艺文化设施丰富,再加上绿色节能建筑和5G布局,让人更期待它的发展。

图5-13　虹桥商务区商业中心

3. 新虹桥—天山商业中心

新虹桥—天山商业中心位于上海西郊，其依托虹桥涉外贸易区和大虹桥交通枢纽建设，聚焦国际商贸商务，建设高品位现代商业，形成以涉外贸易、会展服务为主导，集高端商业、餐饮休闲、文化娱乐等功能

图5-14　新虹桥—天山商业中心

于一体的上海新兴综合商业功能区。

新虹桥—天山商业中心依托尚嘉中心、虹桥友谊商城、虹桥城、天山百盛、汇金百货虹桥店、虹桥天都、泓鑫时尚广场、金虹桥国际中心和吉盛伟邦虹桥国际家居中心等,定位中、高端相融,汇集购物、文化、娱乐等功能,也体现潮流时尚和休闲生活。

4.大宁商业中心

上海大宁国际广场位于上海北部,是综合性、多功能的商业房地产开发项目。广场共有15栋错落有致的建筑、11个大小广场和庭院、约2千米步行街和1 300个停车位。其商业广场具有商务酒店、办公楼、零售、餐饮、文化、娱乐、教育和城市生活配套设施等八大功能,商业中心也相应地分为大型综合购物广场、电影院、KTV、大型主题游乐园、知名餐饮连锁企业、文化教育等多个板块。

图5-15　大宁商业中心

5.真如商业中心

上海真如商业中心地处上海西北部,也是城市副中心之一,该区域集商务、商业、餐饮娱乐、居住于一体。同时,作为CBD的压轴板块,真如的定位也与其他CBD不同,板块规划90%商业+10%住宅的高端商

图5-16　真如商业中心

务居住区,提供CBD新的标准与全新体验。

(四) 电商的高速增长

电商零售企业在短短的数年内崛起。以阿里巴巴为例,其旗下涉及跨境电商业务的品牌线主要包括B2B跨境业务(1688国际站)、B2C业务(AliExpress、天猫国际)、海外电商(Lazada)。其中速卖通主要对应阿里巴巴的B2C出口跨境业务,天猫国际主要对应的是B2C进口跨境业务,Lazada作为辐射东南亚的电商平台,亦可以看作纯海外电商平台。2003年,淘宝网的成立对中国电子商务产生深远的影响。2004年,支付宝推出。2005年,淘宝网宣布个人开店免费。同年,阿里巴巴轰动性地收购雅虎中国。在这个阶段,C2C模式在国内蓬勃发展。2005年9月,腾讯推出了拍拍,与淘宝、易趣形成鼎足之势。

 周勇（上海商学院工商管理学院）：中国零售业发展的另一股力量在世纪之初开始孕育。我国三大门户网站与BAT都创建于世纪之交。2003年创办的淘宝网以及2009年举办的双11购物节,打开了中国电子零售的大门,让消费者感受到新的购物渠道。

图5-17　阿里巴巴公司

　　国内B2B也与C2C一样蓬勃发展。2003年12月,慧聪网在香港创业板成功上市。2006年12月,网盛科技在深圳中小企业板上市。2004年,京东商城创立。2005年中国电子商务市场继续保持了不俗的表现。《电子签名法》的实施、《电子支付指引》的颁布为电子商务宏观环境的完善提供了法律基础和政策依据。继2004年73.7%的高速增长之后,2005年电子商务逐渐步入稳定增长期,市场规模达到6 800亿元人民币。

　　在2005年,中国有近3 000万中小企业,而其中真正实施电子商务的不足3%。随着经济全球化和全球电子化的发展,提高企业竞争力成为关系中小企业生死存亡的大事。2005年,中小企业电子商务应用意识被彻底唤醒,而中小企业电子商务的应用热情也点燃了B2B电子商务平台提供商的竞争战火。

　　2005年8月,阿里巴巴与雅虎中国达成联盟,雅虎注资10亿美元给阿里巴巴。慧聪网的买卖通以及万网支持下的买卖网势力逐渐崛起。市场的竞争为中小企业客户带来了福音,同时也促进了B2B

市场的健康发展。根据统计，2005年中国B2B电子商务市场规模较2004年增长了37.1%，达到6 446亿元，B2B交易额在电子商务市场交易总额中占据将近95%的比例。2005年初以来，中国网民人数剧增，2005年上半年突破1.03亿大关，网民访问购物网站的热情进一步提高。经常访问购物网站的网民比例从2004年的16.7%增加到2005年的53.1%，增长了36.4个百分点，而同时很少访问购物网站的网民比例下降了45.9个百分点。中国个人电子商务市场规模空前增长。

1号店是国内首家网上超市，成立于上海张江高科园区。2008年7月，1号店网站正式上线，开创了中国电子商务行业"网上超市"的先河。1号店是在中国规模、品类均占行业领先地位的B2C电子商务企业。以家为核心，打造满足家庭所需的一站式购物平台。成立以来，1号店持续保持高速的增长势头。1号店可销售的

图5-18　1号店的LOGO

商品品种覆盖了食品饮料、生鲜、进口食品、美容护理、服饰鞋靴、厨卫清洁用品、母婴用品、数码手机、家居用品、家电、保健器械、电脑办公、箱包珠宝手表、运动户外、礼品等品类。

2003年8月28日，上海文广新闻传媒集团与韩国CJ家庭购物株式会社在上海国际会议中心签订了合资合同，双方共同投资成立上海东方希杰商务有限公司，进军家庭购物产业。该公司通过电视、网络、会刊、IPTV、WAP等事业领域，共享接单与物流基础设施，开展家庭购物业务，为上海、华东乃至全国广大消费者提供各种在线商品信息，使消费者足不出户就可以获取详细的商品信息，并且可以通过电话等多种方式订购商品，这标志着中国第一家真正意义上的家庭购物公司正式诞生。

2004年4月1日起，东方CJ家庭购物节目正式在上海电视台东方购物频道播出。面向3 000万个可视听家庭，传达全新的购物理念。

图5-19 东方CJ的LOGO

开播至今,公司注重管理、采购及质量认证体系,以保障产品质量、及时完善的配送、售后服务赢得顾客的信赖,更以其主持人机智活跃、亲和力强的主持风格以及丰富详尽的现代产品信息获得消费者的认同。2004年成立后东方CJ的业绩快速增长,2008年的销售额即超过20亿元。如今,东方购物不断拓展商品门类,将汽车、房产、保险、金融衍生品等产品纳入销售范围,稳居中国电视购物第一。2018年8月24日,2018年上海百强企业榜单发布,上海东方电视购物有限公司排名第81。

东方CJ购物电商主要满足了消费者对商品的多种选择以及便利的需求,消费者可以足不出户就选择并购买多样化商品,并且同时能享受送货上门的便利服务。

图5-20 东方CJ的主页面

这一阶段最明显的特征就是，电子商务已经不仅仅是互联网企业的天下。数不清的传统企业和资金进入电子商务领域，使得电子商务世界变得异彩纷呈。数据统计显示，2007—2018年全国网购用户规模不断增长，截至2018年12月，我国网络购物用户规模达6.10亿，较2017年底增长14.4%，占网民整体比例73.6%。手机网络购物用户规模达5.92亿，较2017年年底增长17.1%，使用比例达72.5%。

就2018年的中国网络购物市场规模来看，我国消费市场运行总体呈平稳增长态势。2018年我国社会消费品零售总额为38.1万亿元。在供给侧改革的深化与国家政策的积极引导下，我国消费模式不断推陈出新，消费升级趋势明显，将释放出巨大潜力，消费市场仍呈强劲发展势头。随着电商渗透率的上升，网络购物市场规模持续扩大，2018年网购市场规模为8万亿元。随着网购市场趋于成熟，网购市场增速有所放缓，但仍保持28.2%的高速增长。2018年网络购物在社会消费品零售总额的渗透率突破20%，网购规模占社会消费品零售总额的份额将不断提升，网购市场仍然是中国消费增长的强力引擎。

就电商的行业规模来看，社交电商的高效获客和裂变能力吸引了众多企业加入，2018年，拼多多、云集、蘑菇街等社交电商的上市把社交电商推上风口。2018年中国社交电商行业规模达6 268.5亿元，同比增长255.8%，成为网络购物市场的一匹黑马。随着社交流量与电商交易的融合程度不断深入，社交电商在网络购物市场的占比也不断增加，2015—2018年，社交电商占整体网络购物市场的比例从0.1%增加到7.8%。

图5-21　拼多多

图5-22　蘑菇街

图5-23　云集

上海的电商平台包括拼多多、小红书等。拼多多和小红书都是属于社交类电商平台。在2001年中国加入世界贸易组织以后，允许外商拥有信息服务公司49%的股权，两年后即可拥有50%的股权，这刺激了电子商务的发展。在中国刚加入WTO时，许多企业都开始向电商方向发展，大批具有全球战略眼光的中国企业也利用网上商店推销。小红书创始人在2013年利用海外购物信息分享领域的空缺，创立了小红书App。在上海电商发展到一定阶段时，2015年，当淘宝等电商盛行之时，拼多多采取通过微信群、朋友圈等社交平台邀请好友进行拼单，达到规定人数时拼单就会生效的方式吸引客户。

中国生鲜电商市场的产品结构则属于刚需加高频，买菜成为互联网新入口。因水果更容易运输和存储，所以多数生鲜电商以水果为切入口，将其作为主要品类，蔬菜、水产品等品类占比相对较少。近几年，消费者电商购物的习惯已经逐渐养成，而蔬菜生鲜则是居民的日常刚需和高频需求，并且蔬菜生鲜的毛利较高，故成为生鲜电商的新入口。目前，阿里、京东、美团等互联网巨头纷纷布局买菜业务，同时每日优鲜、叮咚买菜等平台也在蓬勃发展

三、新零售发展阶段
（2017—2021年）

上海零售业的发展，是中国零售业发展的一个缩影。以南京路上"四大公司"为代表的传统百货，是上海零售的1.0时代。20世纪90年代，随着超级市场的新业态进入中国，百货、超市、便利店、专卖店等多种业态并存，这是上海零售的2.0时代。2003年，随着淘宝的出现，电子商务时代到来了。中国零售业进入了电商与移动支付的3.0时代。对于上海零售业来说，一个机遇与挑战并存的新时代开始了。

 周勇（上海商学院工商管理学院）：中国零售业真正的变化始于2010年。这一年中国有了3G。到了2014年，移动端用户首次超越PC端，无线通信技术与智能手机的完美结合，开创了移动零售新时代。零售的交易终端前移，从店铺前移到用户的任何一个生活场景，随心随购、到家服务、到点服务成为消费新常态。在这样的背景下，经过2015"互联网+"的热议，2016年初终于诞生了新零售的标杆企业——盒马鲜生。从此，我国零售业开启了从连锁化向数字化升级的新轨道。其后，出现的无人店、前置仓、mini店、直播带货、社区团购等零售热点与风口，虽然表现形式不同，但本质是技术支撑、在线连接与数字化营运，背后是资本助力。

 余明阳（上海交通大学管理学院）：2010年左右，上海的商业已经开始进入新的转型阶段。我们以南京路为例，南京路曾经是上

海的购物中心,南京路面临诸多挑战,第一个就是高端消费开始
外流,很多人直接到巴黎、到东京、到香港去买东西,所以我们很
多的高端消费人群不一定在上海买东西。第二个是外地消费者
的分流,过去杭州、苏州、无锡、南京这些地方的人都会到上海来
采购东西,但是到了2010年,由于互联网的全面崛起,导致现在
所有地方买的东西都一样。第三个挑战是上海其他中心的分流,
过去南京路是唯一的商业中心,现在五角场、徐家汇把人流分开
了,所以这个时候南京路的集聚优势就越来越弱了。第四个是网
络消费的截流,大量消费者开始网上购物,所以这个时候实体店
就面临巨大的挑战。

 黄丽华（复旦大学管理学院）:零售在我们今天的商业社会中仍
然是一个非常重要的行业,人的需求是存在的,所以零售业可能
对我们来讲是数字化的革命所带来的冲击最大的行业之一,所以
零售业需要转型,这些挑战迫使我们去思考应该怎么做。

（一）新零售时代到来

挑战带来创新,上海的零售业开始向"新"转型。2016年10月13
日,马云在云栖大会上第一次提出"新零售"的概念。新零售的第一
步,阿里选择了上海。新零售的风口,就此打开。

对新零售的名称,我国零售变革的主导企业纷纷提出了不同的称
呼,如京东称之为"无界零售",苏宁云商和腾讯称之为"智慧零售"
等,尽管称谓和侧重点存在区别,但均是对当前零售业颠覆式变革的描
绘。"新零售"不是新旧的"新",而是对于当下零售业态颠覆式变革和
赋能式重构程度的描述,是互联网工具实现社会信息化及数字化过程
中,零售业加速和集中变化的一个阶段。

2017年被称为"新零售元年",各大商业巨头开始发力新零售。阿
里巴巴在电商的基础上,积极布局线下,创立盒马鲜生、天猫小店,收购
银泰集团,入股三江购物、联华超市和高鑫零售。京东集团一方面与永
辉和沃尔玛等线下零售企业合作,另一方面亲自布局线下京东便利店、

京东家电、京东之家和京东X无人超市等。除传统电商巨头，线下商超集团也积极拥抱新零售。在"新零售"概念提出之前，苏宁就进行了O2O战略布局，提出了"电商+店商+零售服务商"的云商模式，2015年苏宁易购入驻天猫，同时收购天天快递，强化最后一公里配送能力，开设苏宁无人超市，创新消费体验。永辉超市、7-11便利店、每日优鲜、顺丰物流等企业也都积极布局新零售。

消费需求是新零售的牵引力，消费者的变化代表着市场的变化。人均收入水平的不断提高促使我国居民在消费上开始追求消费品质和精神满足。零售业在消费升级背景下，也不再只是交换提供效用工具的通道，而是更加具备娱乐性和社交性。这一切都要求企业更加了解消费者，为消费者提供更佳的体验，零售行业理念由"低价零售"转为"体验式零售"。在新零售时代，零售企业将实体、网络以及新兴的移动渠道相融合，借渠道融合与创新之力，推动零售业由价格导向向消费者价值导向全面转型。零售业探索运用新零售模式来启动消费购物体验的升级，适应消费者消费习惯与方式的改变，构建全渠道的生态格局，必将成为零售企业顺应时代发展、自我创新的一次有益尝试。

新零售之"新"，是渠道的创新与融合，以此构建新的消费场景，满足消费者全天候的购物需求。新零售打破了渠道之间的界限，借助线上和移动渠道消除传统实体渠道在时间、空间及价格等方面的诸多限制，利用新技术和社交媒体丰富了消费者的消费场景。新的零售业态是值得鼓励的创新，促使传统零售向个性化、网络化、体验化转型。传统实体零售可以借助互联网和新的技术手段，及时、准确地找到消费者在不同碎片化场景中的需求痛点，有针对性地向消费者推送最应景的产品和服务，从而实现与消费者的场景化链接，以此赢得消费者的认同和青睐，实现价值创造和收益获取。

（二）"魔都"上海的新零售

"魔都"是互联网时代人们最常用来称呼上海的名字。这个来源于20世纪二三十年代的别称，由旅居上海的日本作家村松梢风在其畅销作品《魔都》中首次提出。后来被上海的外国人广泛使用,形容上海的"魔性"。然而,他们却始终未能参透上海的幻象。

无论是战争年代一时风头无两的上海滩,还是改革开放后浦东新区的飞速建设,上海当之无愧是中国的商业中心,立于潮头。时世变迁,人们对上海的期待未曾削减。上海,在这场新零售的"战役"中,依然担当起了桥头堡的角色,成为众多商家探索新零售的试验地。根据上海市商委的一份数据报告,2017年共有226家业内具有代表性的品牌将中国首店放在了上海,约占全国"首店"总数的一半。2020年,首店加速"落沪",上半年新开各类首店、旗舰店超300家,华为全球最大旗舰店在南京路步行街开业。

1. 上海的魔力

首先,在政策层面,这与政府的重视是分不开的。据《2018中国新零售之城指数报告》,2016—2018年,上海市政府牵头的新零售项目数量和出台的资金及政策扶持力度均排在全国第一。2017年,上海提出《上海市着力优化营商环境　加快构建开放型经济新体制行动方案》。2018年3月,上海推出"要购物,到上海"的上海购物品牌计划,提出把上海打造成具有全球影响力的国际消费城市的目标。2020年,新冠疫情后期,上海推出"五五购物节",作为全国首创的大规模综合性消费节庆活动,有力汇聚了人气,重启了生产流通消费的良性循环,以强劲力度促进了消费回补和潜力释放。

上海的新零售企业在新零售品牌、新业态丰富度和门店数量上都领先全国。《2018中国新零售之城指数报告》显示,上海在衡量企业新零售活动参与度的重要指标"企业活跃度"上优势最为明显,稳居第一。上海企业的高活跃度主要体现为品牌尝新意愿高、新场景覆盖面广。比如,上海拥有全国最多的盒马鲜生门店,1小时送达覆盖面积最广。而且原本万商云集的上海,不论是新品牌还是老品牌,尝试新场景的意愿都高于其他城市,例如咖啡品牌星巴克在上海开设智慧门店,使用AR购物,内衣新秀品牌"NEIWAI内外"在上海的实体店是首家提供3D扫描仪量身体验的店铺。

其次,在经济层面,上海有着消费能力最强和最愿意尝鲜新事物的群体。2019年，上海居民人均可支配收入达69 442元，继续位居全国首位，社会商品零售总额13 497.2亿元，继续领跑全国。公开资料显示，上海的国际知名品牌聚集度已超过90%，国际品牌首发数量和国际品牌首店数量居全国各大城市首位。上海的零售业发展史造就了上海成为商家必争之地的战略地位。

在文化层面，上海拥有其他城市无法比肩的悠久商业文明历史，上海人的生活方式深植小资基因，这种本地文化对更高品质、更有创意的产品有着更高的接受度，能够承载更高层次、更符合时尚和创新趣味的商业形态。

独有的海派文化与强劲的购买力叠加，呈现出的是消费者的生活仪式感和消费探索精神。市场愿意为新商业模式和高品质商品买单，使企业有了加速提升和创新的动力，因此，可以在上海看到种类最多的零售业态。

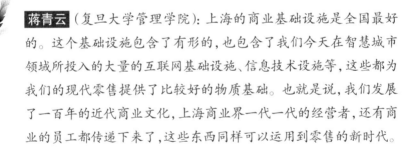

蒋青云（复旦大学管理学院）：上海的商业基础设施是全国最好的。这个基础设施包含了有形的，也包含了我们今天在智慧城市领域所投入的大量的互联网基础设施、信息技术设施等，这些都为我们的现代零售提供了比较好的物质基础。也就是说，我们发展了一百年的近代商业文化，上海商业界一代一代的经营者，还有商业的员工都传递下来了，这些东西同样可以运用到零售的新时代。

星罗棋布的线下零售店和商圈，让上海在全国的零售版图中显得很亮眼，这也是新零售试验和竞技的最大沃土。除此之外，新零售的发展更离不开资本的支持与技术的进步。上海的国际金融中心建设也为商业模式的创新提供了强大的资本支撑。建设中的科创中心则为商业模式的创新提供了技术支持。大数据、云计算、物联网、人工智能、虚拟现实、智能支付等创新技术在商业领域得到广泛应用。

黄丽华（复旦大学管理学院）：上海一直是一个很包容开放、很有创新的地方，因为上海的起家本身也是靠商业带动的，所以存在这样的基因。我觉得,商业上的任何创新在上海都是可以生根发芽的。所以这几年新零售的业态,包括盒马鲜生,第一家店就开在上海,我觉得这个选择是对的。因为它有客流、有消费力。另外,上海的包容精神允许大家一起来做尝试。这几年随着数字化技术的变革,上海的人才也更强了,现代的零售离开了现在的信息技术和现在的数字化技术可能就不能成为现代的零售,所以人才的优势也是上海吸引很多新的业态来创新尝试很重要的因素之一。

上海是生产之城,更是消费之都,大上海是时尚的集中地。如今,借着新零售的东风,上海的魔力瞬间释放,在互联网的新时代成为引领者。

上海正在崛起成为全球潮流购物之地。互联网潮起潮涌,新零售正站在大变革时代的风口。商业作为人类最古老的行业之一,从来没有像今天这样充满魔幻。

各大商业企业纷纷抓住物联网、云计算、大数据、移动支付、人工智能等技术快速发展的机遇,打通融合实体与虚拟空间,瞄准新消费群体的数字化、社群化、个性化、定制化、场景化的新需求,不断探索零售新模式、新业态、新技术。

 晁纲令(上海财经大学国际工商管理学院):上海历来是以商兴市、以商立市的,它的商业文化是贯穿始终的,没有商业就没有上海,而商业中所产生的文化实际上也促使了上海这个城市的精神形成,我把这种文化归纳为八个字,叫开放、竞争、创新、包容。

 余明阳(上海交通大学管理学院):上海人的商业契约精神也非常好,也就是商业诚信,这是上海带给整个中国商业最好的一份礼物。上海在这方面的基础比较好,所以上海的契约精神好、物流体系好、网络体系好、人们的素质高、消费能力强,这些元素综合决定它对新零售和新的商业业态的接受特别快。

自2017年"新零售元年"起，凭借上百年近代商业生态的深耕细作、厚积薄发、华丽转身，上海一跃成为新零售之城。上海这颗东方明珠正在散发更加璀璨的光芒。

2017年2月，阿里巴巴与上海百联集团达成战略合作，在新零售方面展开合作，百联旗下拥有上海第一百货商店、上海第一八佰伴、百联上海奥特莱斯等线下门店，在宣布合作的发布会上，马云对上海赞不绝口："如果说要有一个城市能够代表改革创新和发展的高度，我觉得只有上海。上海是桥头堡，杭州是后花园。"

图5-24　2017年阿里巴巴与百联集团战略合作

2017年12月5日，星巴克全球最大的门店在上海开业，这是星巴克海外首家咖啡烘焙工坊及臻选品鉴馆。在这家店里可以体验星巴克与阿里巴巴合作的AR应用，这家店也被称为星巴克的新零售概念店。

2017年12月8日，天猫打造的智能母婴室在上海第一百货商业中心正式启用，成为沪上首家智能母婴室。

2017年12月13日，天猫汽车自动贩卖机上海首家门店邻近上海世博中心，面积近200平方米，消费者在淘宝搜索"超级试驾"预约成

图5-25　上海星巴克咖啡烘焙工坊外观

图5-26　上海星巴克咖啡烘焙工坊内部

功后，来到店内人脸识别机"刷脸"，即自动弹出车钥匙，无须店员，就可自助将汽车开走。

2017年12月15日，中国联通与阿里巴巴联合打造的"中国联通智慧生活体验店"在上海开业，阿里巴巴在新零售领域的最新技术产品，包括AR购物、云货架、天猫精灵等，全部部署到位。

2018年4月23日，世界读书日，全国首家天猫无人书店在复旦大学开业。天猫无人书店正式开张后，立即新晋为魔都"打卡点"，让新零售步入了文化产业。

图5-27　2018年天猫首家无人书店落地复旦大学

周勇（上海商学院工商管理学院）：当下的零售，实质上是在线化与近场化，基础是移动化与数字化，最终是智能化，其目的是不断提升用户的体验感和价值感。零售企业必须把主要精力集中在技术应用、洞悉消费、转型升级等方面，才能获得良好的发展。

目前，上海在逐渐反超新零售起跑时的地位缺失，通过一系列的布局和全方位的新零售拓展，已经成为新零售最核心的城市之一。

2. 中国进口博览会

2018年11月，首届中国进口博览会在上海成功举行。此次进口博览会在国际贸易发展史上是首创，在中国改革开放的历史上也是首创。

图5-28　中国国际进口博览会

 余明阳（上海交通大学管理学院）：在十八大以后，尤其是以2018年进博会作为标志，上海开始进入第五个发展阶段。如果说第四个发展阶段是中国商业的整合中心，那么第五个阶段就是全球商业中心。上海实际上不仅是办了一个会，它给我们全国的企业打开了一个窗口。第一个好处，这些产品是我们老百姓喜欢的产品，所以通过进博会中国老百姓能够享受到世界上所有的优秀产品。第二个好处，中国企业跟国际企业在一个新的平台上竞争，你如果竞争不过它，淘汰是自然的，靠保护是保护不了的；如果你竞争得过它，你在这里能够竞争得了，那么在全世界都能竞争得了，因为所有的产品都进来了。

进博会的成功举办，不仅为中国经济与扩大开放带来新的机遇，而且也给上海乃至长三角的发展带来难得的机遇。从贸易大国逐步走向贸易强国，中国积极融入全球化，进一步对外开放的决心不变，中国发展开放型经济的初心始终如一。

2019年4月11日，中国国际零售创新大会在上海开幕，一批植根上海的零售创新企业以其新颖的营销模式、创新的科技手段和高速的发展业绩，吸引了海内外商家和投资者的目光。

世界零售协会联盟主席马西莫·沃尔普认为，上海正在成为全球零售创新的试验田和竞技场，并推动中国在世界零售产业发挥引领作用。

3. 南京路首次东拓

南京路是19世纪中叶上海开埠后形成的"中华商业第一街"，见证了上海近代商业的发展历史。2020年9月12日，"南京路步行街"东

图5-29　2020年南京路东拓

图5-30　2020年南京路东拓后的夜景

拓路段正式开放,连贯东西,与全球闻名地标——外滩无缝衔接。南京路步行街首次东拓意义重大,它连接的上海中心点——人民广场至外滩,拥有了连贯的步行街系统。完整的新步行街长约1.5千米,云集上万个中外品牌,汇聚各类大型百货和购物中心15家,为上海注入了新的活力。

(三) 新零售业态

今天的上海,是一座新零售之城,行走在上海街头,你随时可能见到一家正在开业的新零售门店。截至2019年6月,在上海与阿里巴巴展开新零售合作后落地的智慧门店数量超过5 200家,位列全国之最。新零售正在切切实实地改变着人们的生活方式。

1. 盒马鲜生

2016年,盒马鲜生首店选择上海,其第一家门店在浦东金桥开业,这是阿里集团筹备了两年多的项目。盒马鲜生外表像一家超市,但在这个4 000平方米的购物场景中,还设置了占地面积40%左右的餐饮体验区,可以生熟联动。店内以生鲜为主打产品,顾客可以直接在货架上选购商品,也可以通过手机下单送货到家,甚至可以现场现点现做,直接在店内用餐。

图5-31 盒马鲜生第一家门店

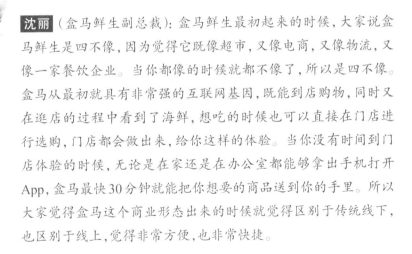

沈丽（盒马鲜生副总裁）：盒马鲜生最初起来的时候，大家说盒马鲜生是四不像，因为觉得它既像超市，又像电商，又像物流，又像一家餐饮企业。当你都像的时候就都不像了，所以是四不像。盒马从最初就具有非常强的互联网基因，既能到店购物，同时又在逛店的过程中看到了海鲜，想吃的时候也可以直接在门店进行选购，门店都会做出来，给你这样的体验。当你没有时间到门店体验的时候，无论是在家还是在办公室都能够拿出手机打开App，盒马最快30分钟就能把你想要的商品送到你的手里。所以大家觉得盒马这个商业形态出来的时候就觉得区别于传统线下，也区别于线上，觉得非常方便，也非常快捷。

　　表面上看，盒马鲜生是一家门店，但门店后面还隐藏着一个物流配送中心，支持线上销售。其核心逻辑是"仓店一体"，既是一个门店，也是一个仓库。所以毫无疑问，这是一家线下的物理门店，但是实时更新的电子价签保证了与线上价格统一，透露出这是一家有着强烈互联网基因的企业。

黄丽华（复旦大学管理学院）：盒马鲜生背后是依赖于阿里巴巴非常强大的大数据平台和云计算的能力。大数据的平台已经可以分析某一个区域，比如说5千米范围内这些人的需求是什么，这些人的消费能力有多强，这是很重要的。这些就为它的选址提供了非常重要的依据，包括选址以后卖的货物等，就有了依据。因为它知道这些消费者背后的需求是什么，这是阿里巴巴盒马鲜生很重要的优势。它有数据的能力帮助选择最好的选址、选择最好的商品。又把我们传统门店的优势，例如你买了就可以及时拿走，又给整合进来，所以今天的盒马鲜生把线上的优势和线下的优势充分地融合在一起。

新零售依靠新技术以促进零售业态的更新。"新零售"以大数据、物联网、云计算、人工智能等"新技术"驱动零售场景重建及产业链重构，伴随这些新技术在零售业的应用，从生产到消费，零售商都可以进行有效监控，降低库存成本，为零售业减负，促进其转型发展。新零售借助大数据等数字化技术，为每位消费者绘制专属的消费图谱，精准把握消费者需求，根据其个性化需求开展自身运营，不断升级消费体验。

蒋青云（复旦大学管理学院）：实际上盒马鲜生要超越传统的商业，从商业的一个最基本的效率角度来讲，要提高坪效，坪效就是每平方米产生的销售绩效是多少。所以盒马鲜生在它的理想模型中，店里来的一部分人，能够保证卖掉货架上的一部分东西，同时它覆盖3千米的范围、送货半个小时这个范围之内的一些目标人群，通过电子商务的模式从店里又买走了其他的部分，这两部分加起来可以让每平方米的坪效达到非常高的水平。

三文鱼、波士顿龙虾、帝王蟹，盒马这里有来自全球各地的美味生鲜。平时没时间逛菜场的人们，只需要手机下单，3千米内免费送货。店铺内还有大厨操刀现杀现做，顾客只需要挑选好喜欢的生鲜，称重排队取号，交给大厨后耐心等待。

盒马鲜生率先引进了这种"生鲜超市零售＋餐饮消费体验"模式，线上线下同时经营。线下门店以体验服务为主，并向线上引流；线上App提供优质外卖和生鲜配送。线下体验门店不仅是线上平台盒马App的仓储、分拣及配送中心，也是消费者的体验入口。这种超市、菜市场加餐饮店的创新模式吸引了不少消费者。但在成立之前，这样的奇怪模式却给市场监管部门出了难题。

沈丽（盒马鲜生副总裁）：因为盒马鲜生这个商业模式出来的时候是超市和餐饮融合在一起的，在原来的审批制度里，超市要申请流通证，餐饮要餐饮服务许可证。如果按照传统的审批方式，势必出来的超市是超市，餐饮是餐饮，是分开的，不是现在大家能够体验到的具有线下体验感的融合在一起的盒马鲜生门店。所以，当时这样的商业模式出来的时候，我们非常欣慰。当时自贸区的浦东市场监管局，以及上海市市场监督管理局、上海食药监局，大家一起来商讨盒马鲜生这样的商业模式，最后是以包容创新的态度，从食品安全的角度出发，还是非常支持盒马鲜生的开业。

政府对企业创新的一次支持和鼓励，萌生了一个新的商业模式。依靠大数据系统和互联网＋的强大优势，3千米范围30分钟送货上门的服务改变了人们的购物和生活方式。短短两年，盒马鲜生的模式迅速在上海推广，并把门店开到了全国多个城市，成了上海购物的一大品牌。

如今，盒马又孵化出了子品牌——盒小马，主体是"早餐档口＋保温自动"取货柜。盒小马沿袭了盒马新零售核心的线上线下一体化设计，并针对早餐场景"没时间""选择少"等痛点提出解决方案。通过盒小马，市民可以在上班途中、在盒马App上提前点单，到店直接在智能保温柜中扫码取餐，即拿即走。

2. 超级物种

超级物种是永辉打造的新零售业态，从2017年在上海开设第一家

图5-32　超级物种门店

店,到2021年初,在上海已经营5家门店。超级物种依托全球生鲜供应链的优势,打通和联动线上商城和线下实体店铺。超级物种对标中国台湾的上引水产和意大利的网红超市Eataly,采用"高端超市+生鲜餐饮+O2O"的经营模式,以及"合伙人自营+内部孵化"的运营方式,打造出"私人厨房""超级研习社"等独具特色的明星产品。消费者在门店扫描商品电子价签便可跳转永辉生活App进行扫码购,既可直接选购食材,也可直接用食材享受烹调服务,在店内享用。

超级物种的产品配置延续了永辉超市的核心产品线,以生鲜产品为主。其核心生鲜产品体系有龙工坊、盒牛工坊、鲜鱼工坊等"八大工坊"。各门店根据具体的地区及商圈特性,引入不同的网红餐饮品牌进行联合经营,以此来提高到店率和客户转化率。

3. 叮咚买菜

叮咚买菜是一款自营生鲜平台及提供配送服务的生活服务类App,于2017年5月上线,主打前置仓生鲜电商模式。叮咚买菜由上海壹佰米网络科技有限公司运营和开发,是上海生鲜电商零售的一支新军，它深耕上海市场，以上海为实践样本，逐渐进入其他城市。

叮咚买菜专注社区，定位家庭买菜业务，满足普通家庭用户的一日三餐生活需求。核心品类是刚需和高频的生鲜产品，品类丰富，单仓商品品种约1 700个，以蔬菜为主，涵盖水果、海鲜水产等生鲜全品类。产品定价与社区附近实体菜市场、超市接近。

图5-33　叮咚买菜

图5-34　叮咚买菜工作人员正在配送

叮咚买菜将前置仓建在社区周围1千米内，初始采用"0元起送+0元配送"模式，利用前置仓为消费者提供便捷、新鲜的生鲜到家服务，能够做到全品类生鲜高效配送到家。截至2021年3月，叮咚买菜已在上海、深圳、杭州、苏州等27个城市，建立了近900家前置仓，每个前置仓能覆盖周围3千米范围内的区域。密布的前置仓让上海几乎所有社区都能通过叮咚买菜App下单，并在29分钟内收货，这使得普通消费者足不出户就能买到平价新鲜的食材。

在供应链体系中，叮咚买菜从源头进行基地直采，"从田间直送到餐桌"减少中间环节，并经过"7+1品控流程"，在全链路进行产品品控，为消费者提供新鲜、品质确定的生鲜产品，通过这一模式，赢得了消费者信任，提高了用户体验。

叮咚买菜将大数据技术贯穿于整个产业链，通过订单预测、智能推荐、路径优化、自助客服等技术，提升用户体验。在先进定位技术的帮助下，消费者的采购范围能被准确定位，这使得他们能够根据自己的位置和需求选择最好的商品。

（四）新零售模式

1. 小红书

小红书是一个生活方式平台和消费决策入口，是内容型社交电商的典型代表。2013年，小红书在上海成立。与传统的电商软件有很大的区别，是一个以UGC（用户原创内容）方式打造的分享社区，为用户提供海外购物的实时信息与使用心得的"社群+电商"App。

截至2021年初，小红书的月活跃用户量已经突破8 500万，是2019年的近3倍，总用户数达2.5亿，每日社区笔记曝光次数逾30亿次，其中70%的曝光为UGC（用户原创内容），90后、95后已经成为小红书社区的主流用户。在小红书社区，用户通过文字、图片、视频笔记的分享，记录这个时代年轻人的正能量和美好生活。

小红书以社区交流起家，先聚用户，再做产品。根据自身积累的大量海外购物需求数据，小红书开始发展其电商业务，从最开始的美妆、个护分享，到现在增加的运动、旅游、家居、旅行、酒店、餐馆的全方位信息分享和衣食住行全品类商城，小红书发展出了一个独特的基于用户分享的社交型电商模式。

图5-35　小红书

　　小红书的主要用户来自一二线发达城市，其定位主要集中在20—30岁的年轻女性。针对这样的用户群体，小红书的内容定位是为爱美、追求精致生活的年轻女孩提供时尚、护肤、生活方式上的相关指南。目前小红书的内容覆盖时尚穿搭、护肤彩妆、明星等18个话题。与年轻女孩的生活相关的内容，就是小红书的话题范畴。

　　小红书以"品牌合作人"机制，吸引各个领域的网络红人以及明星入驻。以提供平台分享信息为切入点，拉近了与消费者之间的关系，让消费者从单向分享到共同生产、共同传播、共同建设，创造出一种线上闺蜜分享式的购物体验。这种基于"用户推荐—购买—分享"的消费转化闭环，创造了电商平台的新模式。

　　"文字＋图片"和"文字＋短视频"的笔记发布模式及时满足消费者需求，简洁的排版和吸引人的文案，帮助用户快速抓取自己想要的信息。

　　在2014年小红书开始向电商倾斜，推出首个自营跨境电商业务"福利社"。小红书选择全自营经营，平台不仅自主选品、采购、关务、客服，还在郑州与深圳建立了保税仓库以及两个海外仓，实现交易闭环。

　　2017年12月24日，小红书电商被《人民日报》评为代表中国消费科技产业的"中国品牌奖"。

　　2018年6月，小红书第一家线下体验店REDHOME在上海开业，集美妆、服饰、家居、休闲、水吧于一体，打造多元化的消费场景，满足消费者线下的情感体验与接触需求。

　　2. 拼多多

　　拼多多是新电商开创者，是拼购类社交电商的典型代表，主要特点是用户拼团砍价，借助社交力量把用户进行下沉，并通过低门槛促销活动来迎合用户炫耀、兴奋等心理，帮助产品锁定用户并销售一些普适性、高性价比的产品，以此达成销售裂变的目标。

　　2015年4月，上海寻梦创办新电商平台拼多多。拼多多以独创的社交拼团为核心模式，主打百亿补贴、农货上行、产地好货等。以"好货不贵"为运营理念，为消费者提供补贴折扣大牌商品、原产地农产品、工厂产品和新品牌商品等。拼多多脱胎于农产品电商拼好货，已经成为中国最大的农产品上行平台。

淘宝在2016年展开了严厉的打假行动，关闭店铺超过20万家，随后聚划算也正式划归天猫，平台走向品牌化，摆脱了"低价、低质"的标签，淘汰了一批低端供应链商家；京东也更加专注自营和优质的第三方平台商家服务。两大电商平台的流量向品牌商家倾斜，电商平台流量成本不断提高，中小电商商家的生存空间越来越小。正是在这个时候，拼多多出现了，为许多低端供应链电商提供了低门槛、低成本的销售平台，由此吸引了大量商家入驻。

在供应端，拼多多主推C2M模式，直接对接长尾供应商和工厂，压缩供应链中间环节，实现低价。传统电商平台巨头品牌化升级，被"选择性挤出主流电商市场"的商家开始寻找新的出路，拼购类社交电商平台商家竞争相对较弱、流量分配以低价导向为主、开店门槛低、运营简单、引流成本低，因此对中小商家产生了巨大吸引力。

电商零售经过十多年的快速发展，阿里、京东、唯品会等主流电商平台的总活跃买家数迅速增长。2017年，拼多多强势入局后，电商平台用户总数与网民总数的差值持续扩大，各个电商平台对线上存量用户的争夺已进入白热化。截至2021年初，拼多多在团购这条路上深耕，已经成了最大的电商平台之一，虽然饱受争议，但也扩展出了一种"获客—留存—变现—自传播"的用户自增长模式。

2018年7月，拼多多在美国纳斯达克证券交易所正式挂牌上市。2020年11月，拼多多平台已汇聚7.313亿年度活跃买家和510万活跃商户，平台年交易额达人民币14 576亿元，迅速发展成为中国第二大电商平台。

图5-36　拼多多的LOGO

拼多多基于品牌、专利权、人力资源等核心资源建立了针对家庭主妇、参加工作的年轻人、学生群体等低消费群体，通过给供应商提供新的平台，给消费者提供低价、定制等服务，与供应商构建了合作伙伴关系，与消费者构建了私人关系、自动化服务关系以及社区关系的多边平台商业模式，将商家和消费者这两个群体连接在一起，双方的价值通过拼多多平台基于对方的存在而实现。拼多多则通过促进不同群体的互动而创造价值，因而拼多多价值的提升也通过用户数量的增加而体现。拼多多平台对于单个用户群体的价值本质上取决于平台中"另一群体"的用户数量——消费者聚集拼多多是因为在平台上有可供选择比较的商品。另外，商家入驻也是因为有大量用户在使用该平台。

拼多多主打价格低廉和拼团购买。拼多多基于移动场景，通过独特的社交与公益游戏拼单，短时间集纳消费端几亿消费者的需求之"多"，来对接供给端的农户与工厂之"多"。与传统电商通过搜索式"人找货""物以类聚"不同，拼多多开拓了"货找人""人以群分"的新电商模式。具体来说，主要是通过分布式AI，研究个体可能存在的消费需求，再用社交裂变的方式迅速聚量。消费者在上面发现一个好东西，与人分享，然后大家一起以更低价格购买。这是一种新的交互模式，让时间和商品都归集了起来，从而产生巨大的需求量。

3. 哔哩哔哩

哔哩哔哩（bilibili，简称B站）是国内年轻人聚集度较高的文化社区和视频平台，于2018年在美国纳斯达克上市。早期的哔哩哔哩是一个ACG内容创作与分享平台，经过十多年的发展，哔哩哔哩已经构建起一个围绕用户、创作者和内容的优质生态系统。在内容构成上，B站视频主要由专业用户自制内容（PUGV）组成，即UP主的原创视频。

哔哩哔哩曾获得Quest Mobile研究院评选的"Z世代偏爱App"和"Z世代偏爱泛娱乐App"两项榜单第一名，并入选Brand Z报告2019年最具价值中国品牌100强。

哔哩哔哩的发展经历了三个阶段：初期、探索期和业务转型期。初期，哔哩哔哩通过严格的用户筛选和社区环境建设，打造了以年轻人为

图5-37　哔哩哔哩

主要服务对象的平台,并营造了较有向心力和归属感的社区环境。在探索期,哔哩哔哩分别尝试了ACG周边代购、游戏、直播等业务。在转型期,哔哩哔哩对直播业务持续加码,2019年12月,哔哩哔哩以8亿元价格拍得英雄联盟(LOL)全球总决赛中国地区三年独家直播版权。2019年首次试水线下新年晚会,播放量达到3 674万人次。

截至2020年底,哔哩哔哩已经成为国内流量最大的单机独立游戏内容集散地和中国最大的游戏视频平台之一,是国内最大的原创音乐社区之一,是中国最大的动画版权购买方之一,是国产动画的最大出品方之一。哔哩哔哩先后出品了《我在故宫修文物》《极地》《人生一串》《历史那些事》等知名作品,成功进军纪录片。

2017年,哔哩哔哩上线电商平台"会员购",以漫展演唱会票务、手办、模型、潮玩、周边的销售为主,在不到两年的时间已经占领了二次元票务域最大的市场份额。

2020年,哔哩哔哩进军电商直播平台,"电竞+游戏"是哔哩哔哩直播的重要品类。目前哔哩哔哩已经覆盖了包括《英雄联盟》LPL职业联赛、DOTA2 TI国际邀请赛、《王者荣耀》KPL职业联赛等在内的各大赛事。哔哩哔哩是国内重要的二次元游戏分发渠道,代理了超500款联运手游,13款独家代理游戏,及1款自研手游。

4. 网红带货

短视频带货是通过一段几分钟的视频介绍商品以达到吸引流量和直接消费的商业模式。电商直播带货是通过直播的方式向移动端用户推荐和销售商品的商业模式。

2019年短视频带货和电商直播带货迅速火热。短视频直播带货和电商直播带货之所以迅猛发展,不仅是因为短视频内容的吸引力、直播的互动性,也不仅是因为人们不满足于图片加文字的传统宣传方式,更得益于网络科技与硬件设施上的突破,以及我国拥有的庞大网民群体。我国完备的物流产业链与线上支付体系、互联网使用的普及以及电商基础设施的完善都让电商直播实现了技术上的可行性。

随着自媒体的发展,大量网红出现,他们为人们提供了美食、美妆、搞笑、二次元、知识分享等内容,极大地丰富了人们的休闲方式。随着短视频平台上线电商功能、电商平台上线直播功能，网红们能够将积累的粉丝转化成流量以引导消费。

截至2020年，最广为人知的上海网红有两位，Papi酱和李佳琦。

Papi酱，原名姜逸磊，上海人，曾是中央戏剧学院的一名学生。2015年，Papi酱发布了一系列方言模仿和对日常生活进行吐槽的短视频，幽默的风格赢得大量网友的追捧。Papi酱以短视频博主的身份走红网络，此后开始以自媒体身份投身新媒体行业中。

李佳琦是电商网站的美妆主播，外号"口红一哥"。他于2016年11月开启直播生涯，截至2020年3月，多平台粉丝总数近8 000万。李佳琦曾于2018年9月成功挑战"30秒涂口红最多人数"的吉尼斯世界纪录，成为涂口红的世界纪录保持者，自此被称为"口红一哥"。曾创下一场直播卖出2万3千支口红、成交金额353万元的纪录。2018年"双十一"与马云PK卖口红，最终战胜马云。2020年6月23日，李佳琦作为特殊人才落户上海。

5. 五五购物节

2020年初，一场疫情突如其来，中国果断采取科学措施，取得抗击新冠肺炎疫情斗争的重大战略成果，为世界树立典范。但是疫情早期，线下实体零售业受到重创。疫情改变了企业的生存环境，也在很大程

图5-38 上海五五购物节

度上改变了人们的消费方式和消费习惯。为统筹推进疫情防控和经济社会发展,提振消费信心、释放消费需求,上海市于2020年创新推出"五五购物节"。该购物节以"全城打折季"为主题,横跨第二季度,贯穿劳动节、母亲节、儿童节、父亲节、端午节等多个重要节日,参与的线上商家超过52万家,线下商家超过10万家,在此期间上海地区商户销售额达1.08万亿元,日均190亿元,促进了全市消费市场的全面复苏。

"五五购物节"代表了上海在创新管理手段、整合政府力量和社会资源等方面的创新意识和统筹能力。购物节为平台赋能,深度融合线上线下资源,推出了一系列跨行业跨领域的联动活动。

新世界城联合拼多多发放消费抵扣券,南京路步行街携手抖音、喜马拉雅推出促销活动,阿里巴巴与上海贸促会共同打造"云上会展"。购物节期间,上海直播带货领跑全国,直播场次超过29万场,累计观看人次达9.5亿。

购物节期间,企业促销力度空前,拉动消费,惠及民生。阿里巴巴、京东、苏宁易购、得物等平台和商家累计发放各类消费券286亿元,上海小吃节推出"五折让利"等97项优惠活动。

图5-39   上海五五购物节时的南京路步行街

图5-40　上海五五购物节的品质生活直播周

商产文旅跨界联动，推出"品质生活直播周""信息消费节""旅游购物季""首届夜生活节""外贸精品周"等活动，购物节期间共举办重点活动170余项、特色活动1 000余项。

购物节首创"全球新品首发季"，300多个国内外知名品牌累计发布新品超过1 500款。"进口商品节"提出进博会"展品变商品"，推出1.4万款优质进口商品，带动销售成交超过9亿元。"全球新品首发季""上海国际美妆节""夜生活节""潮生活节"等多个全新活动，以及"云购物""云逛街"和直播电商等零售新模式，为"上海购物"品牌注入了新的活力。

从百货商店、连锁商店、大型综合超市，再到网络电商，零售的商业模式更替越来越快，但向消费者提供商品和服务的本质是不变的。新的信息技术不仅影响了零售业，更改变了消费者的消费习惯和消费理念。这必然催生新的零售模式和组织业态，传统实体零售也不必担心会衰亡，借助互联网新技术，充分利用物联网、大数据移动互联等现代信息技术，联动上海丰富的市场优势和资源，满足消费新需求，势必会找到行业发展的突破口。

结　语

　　回首百年，从传统的城市发展成为现代化的大都市，上海在中国现代化进程中起到了引领风气的作用。而上海的商业，特别是零售业，从此开始了波澜起伏的传奇故事。

　　从百年老字号，到南京路上的"四大公司"，从昼夜营业的日夜商店，到改革开放之初的第一八佰伴等商圈的崛起，从批发市场到连锁商店，从全国最多的盒马鲜生分店，到令人目不暇接的网红商店，百多年来，上海的零售业开创了太多的"全国第一"，书写了一部生动的上海零售史。

　　而零售，也已经成为上海商业文化、海派文化不可分割的一个部分。

主要参考文献

［1］常明哲,苏剑.新零售"新"在何处［J］.人民论坛,2018(23):96-97.

［2］戴鞍钢.海河联运与近代上海及长江三角洲城乡经济［J］.国家航海,2011(01):8-23.

［3］戴鞍钢.内河航运与上海城市发展［J］.史林,2004(04):94-98.

［4］郭晋华,屠晓光.一个传统企业在互联网时代的变革故事——梅林正广和的e道路［J］.IT经理世界,2000(06):28-33,36-41.

［5］华联超市第101家连锁店开业［J］.中国经济信息,1997(08):31.

［6］华洲.追求卓越——上海华联超市崛起与腾飞之道［J］.商业经济与管理,1996(05):19-22.

［7］连玲玲.打造消费天堂——百货公司与近代上海城市文化［M］.北京:社会科学文献出版社,2018.

［8］上海百货公司等.上海近代百货商业史［M］.上海:上海社会科学院出版社,1988.

［9］上海地方志办公室.http://www.shtong.gov.cn/node2/index.html.

［10］《上海商业(1949—1989)》编辑部.上海商业(1949—1989)［M］.上海:上海科学技术文献出版社,1992.

［11］王依群.老城厢——上海城市之根［EB/OL］.http://www.whb.cn/zhuzhan/ms/20180818/208967.html,2021-09-02.

［12］王玉梅.念"八字"经创新世界——上海新世界股份有限公司用奇招出奇效［J］.上海经济,1998(06):44-46.

［13］ 吴松弟.明清时期我国最大沿海贸易港的北移趋势与上海港的崛起［J］.复旦学报(社会科学版),2001(06):27-34.

［14］ 武强.近代上海港城关系研究(1843—1937)［D］.复旦大学,2011.

［15］ 细川俊雄.上海进入便利店竞争时代［J］.鉴涛编译.科技智囊,1998(04):37-38.

［16］ 新民晚报.从老地名看上海城市变迁［EB/OL］.http://www.people.com.cn/24hour/n/2013/0203/c25408-20416790.html,2021-09-02.

［17］ 许胜余.上海华联:如何铸造核心竞争力［J］.中国商贸,2001(24):66-68.

［18］ 严洁琼.近代上海百货公司旧影:新新公司装冷气,大新公司有自动扶梯［EB/OL］.http://www.icppcc.cn/newsDetail_1000528,2021-09-02.

［19］ 杨德新,周勇.超市巨头的发展之路:农工商超市的经营管理之道［J］.中国商贸,2000(10):24-25.

［20］ 杨德新.上海农工商超市的错位竞争战略［J］.中国农垦经济,2001(08):3-5.

［21］ 赵灵玮,闫旭."叮咚买菜"与"盒马鲜生"商业模式比较研究［J］.经济研究导刊,2020(11):107-109.

［22］ 中国连锁经营协会.中国连锁经营年鉴:1990～2000年［M］.北京:中国商业出版社,2000.

［23］ 朱国栋,刘红.百年沪商［M］.上海:上海财经大学出版社,2010.

［24］ 朱国栋,王国章等.上海商业史［M］.上海:上海财经大学出版社,1999.

图书在版编目(CIP)数据

上海零售百年/焦玥主编. —上海：复旦大学出版社，2022.1
（上海百年系列）
ISBN 978-7-309-15887-8

Ⅰ.①上… Ⅱ.①焦… Ⅲ.①零售业-经济发展-研究-上海 Ⅳ.①F724.2

中国版本图书馆 CIP 数据核字（2021）第 172102 号

上海零售百年
SHANGHAI LINGSHOU BAINIAN
焦　玥　主编
责任编辑/鲍雯妍

复旦大学出版社有限公司出版发行
上海市国权路 579 号　邮编：200433
网址：fupnet@ fudanpress. com　http://www. fudanpress. com
门市零售：86-21-65102580　　　团体订购：86-21-65104505
出版部电话：86-21-65642845
上海盛通时代印刷有限公司

开本 787×960　1/16　印张 15.75　字数 227 千
2022 年 1 月第 1 版第 1 次印刷

ISBN 978-7-309-15887-8/F · 2826
定价：88.00 元